ESSAI

SUR

L'Histoire de la Commune de Carnoët

PAR

R. M. JOUAN

Ne lavaret netra ne peuz ket gwelet,
Ne disrevelet netra ne peuz ket klevet.

Ne dites rien que vous n'avez vu,
Ne répétez rien que vous n'ayez entendu.

SAINT-BRIEUC | **CHEZ L'AUTEUR**

IMPRIMERIE FRANCISQUE GUYON | A SAINT-ILAN, par YFFINIAC
Rue de la Préfecture, 18 | (Côtes-du-Nord)

1901

ESSAI

SUR L'HISTOIRE DE LA COMMUNE DE CARNOËT

ESSAI

SUR

L'Histoire de la Commune de Carnoët

PAR

R. M. JOUAN

SAINT-BRIEUC

IMPRIMERIE FRANCISQUE GUYON

Rue de la Préfecture, 18

CHEZ L'AUTEUR

A SAINT-ILAN, par YFFINIAC

(Côtes-du-Nord)

1901

AVANT-PROPOS

Trois motifs principaux nous ont déterminé à faire *un Essai sur l'histoire* de la commune de Carnoët.

1° L'intérêt qu'offre cette histoire. Peu de communes, en effet, fournissent des événements historiques de cette importance : tous les âges sont venus y marquer leur empreinte et tout semble parfaitement ignoré. Nous avons éprouvé un grand étonnement, quand tous ces faits se sont révélés à nous et nous avons voulu jeter un peu de lumière sur ce coin perdu de notre Département.

2° Quoique nous ne soyons pas originaire de Carnoët, les habitants de cette commune nous ont toujours fait un si bienveillant accueil, que nous avons voulu leur laisser un témoignage de notre reconnaissance, en leur faisant connaître leur pays, si remarquable à plus d'un point de vue.

3° Enfin, nous avons voulu rectifier certaines opinions et certains faits avancés par un historien contemporain, qui semble s'être donné la mission de fausser toute l'histoire de notre chère Armorique. L'histoire de Carnoët nous fournit l'occasion de réfuter quelques-unes de ses théories, basées, prétend-il, sur la *critique historique moderne*, et nous avons voulu profiter de

1

cette circonstance pour montrer le peu de valeur de ses arguments et la curieuse manière dont il *fait* (1) de l'histoire.

Nous faisons hommage de notre petit travail, d'abord à M. l'abbé Pinson, recteur de Carnoët, qui nous a fourni des renseignements ; à M. l'abbé Cozannet, vicaire, qui a bien voulu nous accompagner dans toutes nos excursions ; à tous les habitants de la commune, qui ont mis de la bonne volonté à répondre à nos questions, et, ensuite, à toutes les personnes qui croient pouvoir se dire : « Je sens en moi un cœur d'Armoricain ».

Désireux de perfectionner cet *Essai*, nous recevrons, avec reconnaissance, les observations qu'on pourrait nous faire, et les documents, ainsi que les renseignements qu'on voudra bien nous adresser.

(1) Cette expression : *faire de l'histoire*, est de l'auteur même de l'*Histoire de Bretagne*, Avertissement, p. I.

ESSAI

SUR L'HISTOIRE DE LA COMMUNE DE CARNOËT

DIVISION DE L'OUVRAGE

La nature des matières, dont nous avons à nous occuper, nous conduit à diviser cet opuscule en quatorze chapitres :

CHAPITRE PREMIER

Aperçu général sur Carnoët

Carnoët, on le sait, fait partie du canton de Callac-de-Bretagne, à l'extrême limite du département des Côtes-du-Nord, et touche à quatre communes du département du Finistère : Plonévézel, Poullaouen, Scrignac et Bolazec. Ses limites, dans les Côtes-du-Nord sont : Plourac'h, Plusquellec, Duault, Locarn, Trébrivan et Treffrin.

Sa superficie est de 4,113 hectares 67 ares 30 centiares, et le recensement de 1896 ne porte sa population qu'à 2,367 habitants ; mais nous savons que le chiffre 2,500 serait plus près de la vérité. Quel motif a-t-on de diminuer ainsi la population ? Nous ne le savons ; mais la chose se pratique dans plus d'une commune.

Carnoët se trouve sur une hauteur et son altitude, sur la carte de l'État-Major, est de 211 mètres au Bourg et de 238 à Saint-Gildas.

Tout le versant de l'Hière forme des paysages très pittoresques ; rien n'y manque : coteaux, collines, ravins, bois, prairies, ruisselets murmurant sous l'herbe, des champs bien cultivés, des vergers nombreux, dont les arbres, au printemps, se couvrent de neige et, à l'automne, de fruits dorés. Des clochers nombreux apparaissent à l'horizon : Plusquellec, Callac, Bulat, Saint-Nicodème, Kergrist-Moëllou, Duault, Trébrivan, Treffin, Maël-Carhaix, Glomel, et, dans le Finistère, Motreff et

Carhaix. Si l'on monte sur la hauteur de Saint-Gildas, la vue s'étend indéfiniment sur le Finistère. Dans la direction de Saint-Cado ou de Scrignac, de Landerc, de Plourac'h, c'est un immense plateau qui n'offre aucun intérêt pittoresque.

Quelle est la nature du sol ? On peut dire qu'en grande partie, le sol est schisteux. On y rencontre du schiste argileux et du schiste métamorphique, qui parfois revêt la forme d'ardoise, mais de mauvaise qualité. Comme toujours, ce métamorphisme est dû à des roches éruptives qui ont passé à travers le schiste primitif.

Et d'abord, une éruption euritique — pétrosilex, Hornfels — s'est répandue sur le sol à l'Est et au Sud-Ouest du Bourg et dont le point culminant est le Rohellou, que malheureusement on va faire disparaître. Si les autorités communales de Carnoët avaient le moindre instinct poétique, elles empêcheraient l'enlèvement de ce rocher majestueux, qui donne un certain cachet à la localité.

Au Sud et au Sud-Ouest, il y a une ligne de grès, qui a été exploitée, depuis un temps immémorial, entre le Bourg et Ker Riou et entre le Bourg et Croas-Pirou, L'Hébridou, Saint-Gildas et Ker Ansker. Cette ligne de grès fait ainsi un demi-cercle, du Sud au Nord, autour du plateau du Bourg. Ce grès a passé à travers des argiles et des schistes et les a transformés, dans plus d'un endroit, en schistes métamorphiques qui pourraient être exploités comme ardoises.

A Ker Ansker il y a eu une éruption dioritique contenant une grande quantité de fer qui, en rongeant les angles, a transformé en rognons ces pierres qui, primitivement, avaient une forme géométrique.

Les parties Sud et Sud-Ouest sont, en général, des schistes ou des grauwackes schisteuses, comme à Quénécan.

Les parties Est et Nord-Est sont composées de schistes,

de grauwackes schisteuses et de quartz cloisonnés. C'est là que se trouvent particulièrement les filons de plomb argentifère que jadis on exploita à Carnoët.

La région Nord de la commune, dans la direction de Coat-Fréau, de Saint-Cado, de Landerc et de Plourac'h est de l'argile, mêlée, dans la direction de Landerc, de quartz et de quarzite vers Plourac'h. Ce côté de la commune n'offre rien de remarquable; c'est un haut plateau, sans aucune poésie.

CHAPITRE II

Ce que fut Carnoët dans les temps antiques

Qui va nous révéler ce que fut Carnoët dans les temps antiques ? A quelle époque l'homme y manifesta-t-il sa présence ? C'est la grave question que nous allons d'abord examiner.

Il y a un fait caractéristique de l'humanité, c'est que l'homme, sinon individuel, du moins pris comme peuple, laisse des traces de son passage et de son existence ; c'est ce qu'on appelle des monuments. Ces monuments ne renferment pas toujours de l'écriture, et cependant on comprend la pensée générale qui les a fait ériger. Ils vous expriment suffisamment que l'homme a passé par là ; ces monuments vous disent : nous sommes les vestiges de l'homme.

A Carnoët, deux espèces de monuments ont pour nous de l'importance : les *menhirs* (men hir) ou les *peulvans* (*peul*, pieux, pillier et *men*, pierre) et les *tumulus* ou les tombeaux, Y a t-il des cromlechs et des dolmens ? Nous n'en avons jamais entendu parler.

I. Menhirs. — Pour nous, les *peulvans* ou *menhirs* sont les premiers monuments érigés par l'homme. Ils remontent à *l'époque néolitique* ou de la *pierre polie*, correspondant aux extinctions et émigrations d'animaux qui marquent les débuts de l'ère géologique actuelle. Peut-être remontent-ils même jusqu'à *l'époque paléolithique* ou de la pierre taillée, qui correspond à *l'époque quaternaire* des géologues. Lorsqu'on a fait des recherches autour de menhirs ou bien qu'on les a détruits, les uns n'ont rien produit et les autres ont mis au jour quelques pierres polies et encore ces pierres polies semblaient avoir été déposées autour du monument, à un âge postérieur.

Le territoire de Carnoët possède-t-il ou a-t-il possédé de ces monuments ? — Oui.

Gaultier du Mottay nous dit, dans sa géographie des Côtes-du-Nord : « Au village de Lincarnoët (Lein en Carnoët), menhir d'environ 5 mètres de hauteur ». Plus d'une fois nous avions demandé des renseignements sur ce menhir et, jusqu'à 1900, nous n'avions pu arriver à rien de concluant à ce sujet. Les personnes que nous interrogions nous répondaient invariablement que ce prétendu menhir était absolument inconnu.

Sur quelques renseignements que nous donna F. Coulouarn de Lesquern, nous nous rendîmes, le 10 septembre 1900, au Lein et nous apprîmes qu'il y avait eu, en réalité, un menhir dans ce village. On nous avait dit de voir Anne Ménez, personne âgée de l'endroit. Elle nous dit qu'elle se rappelle fort bien d'avoir vu cette pierre dans une pièce de terre, appelée encore aujourd'hui *Parc-ar-Men-Sonn*, le champ de la pierre debout ou droite. Ce champ appartient aujourd'hui à M. Le Foll du Verzu et dépend de cette ferme, quoique situé à Lein. Après un examen sérieux du terrain et, guidé par les explications d'Anne Ménez, nous pûmes déterminer la place du menhir. Quoique le champ ait été bien cultivé dans ces derniers temps, on s'aperçoit que le sol n'a pas été parfaitement nivelé et qu'il y a un creux dans l'endroit indiqué par Anne Ménez, comme place du peulvan. Ce monument des habitants primitifs de Carnoët fut détruit, il y a 26 ou 28 ans, nous dit Anne Ménez, quand on ouvrit la route du bourg de Carnoët à Trévenec ou la route de Carnoët à Scrignac, qui passe par Saint-Cado ou Rospellem. On brisa le menhir pour empierrer la nouvelle route. Nous ne voulons pas nous arrêter à l'administration intelligente de Carnoët, qui commit ce crime historique. Les bonnes pierres ne manquent pourtant pas à Carnoët.

Parc-ar-Men-Sonn forme le coin ou l'angle de la route du bourg de Carnoët à Trévénec et du chemin du Verzu, du côté droit de celui-ci, à 5 ou 600 mètres de Landerc.

Il y a également un autre menhir à peu près à deux kilomètres, en ligne droite, de Parc-ar-Men-Sonn, d'après la carte de l'État-Major. C'est auprès du village de Toul-ar-C'hoat, en Plourac'h, à droite de la route de Carhaix au Coz-Yaudet et, par conséquent, de Carnoët à Plourac'h. On l'aperçoit aisément de la route. La pièce de terre dans laquelle il se trouve, s'appelle aussi Parc-ar-Men-Sonn, comme celle du Lein.

En septembre 1900, nous avons visité de nouveau ce menhir, que nous connaissions depuis longtemps. Entre autres compagnons, dans cette excursion, nous avions M. François Jaffrennou, notre barde breton. M. Jaffrennou, doué de jarrets d'acier et de biceps d'armoricain — car il est armoricain et non celte — escalada d'un bond le menhir et, du haut de ce théâtre antique, déclama, avec feu, une magnifique pièce de vers armoricains composée en l'honneur de nos ancêtres. Il était simplement sublime et les mânes des habitants primitifs de ces régions ont dû tressaillir.

Nous ne parlons pas d'un accident qui a failli nous (à moi) arriver en cette circonstance, mais qui heureusement n'a pas déteint sur la joie de nos aimables compagnons, loin de là, et dont nous sommes sorti indemne. C'était un poids de 70 à 80 kilogrammes qui un peu plus nous écrasait.

Le menhir de Toul-ar-C'hoat est aussi une eurite ou pétrosilex, comme celui du Lein et comme les roches du Rohellou (bourg de Carnoët). Il n'a actuellement que 3 mètres de haut; mais on assure qu'autrefois il avait au moins 1 mètre de plus et peut-être davantage. On raconte qu'un homme du pays, dont l'esprit s'était dérangé, avait surtout pour manie de vouloir briser ce menhir, qui lui portait ombrage et dont il fit disparaître plus d'un mètre. On le voyait souvent debout sur le sommet et battant le monument avec une massue. Les rugosités du sommet viennent plus ou moins confirmer cette opinion.

Ces deux menhirs sont à peine distants l'un de l'autre, en ligne droite, de deux kilomètres, du moins d'après l'échelle de la carte de l'État-Major. Sans doute, les menhirs ne sont pas aussi nombreux ici qu'à Coat-parc-Duault et les environs, où l'on en comptait autrefois plus de vingt et même une espèce de cromlech. Cette infériorité numérique de Carnoët peut provenir de ce qu'il était plus difficile de se procurer des menhirs qu'à Saint-Servais où le granit abonde. Nous pouvons cependant conclure qu'il y avait des habitants à Carnoët dès les temps les plus primitifs, même avant que l'homme sût se servir du bronze (1) et du fer.

II. Tumulus (2). — Cette race primitive, dont nous avons constaté la présence à Carnoët, disparut-elle ? Ce n'est pas à présumer, quoique nous n'en sachions rien : mais, en tout cas, elle ne tarda pas à être remplacée par une autre race supérieure, sinon en civilisation, du moins plus avancée dans le progrès humain, et les nombreux tumulus (*mouden*) qu'on y trouve, en sont un éclatant témoignage.

(1) Le bronze est un alliage de cuivre, d'étain et de zinc.
(2) En breton, tumulus se dirait *béar* (*be* ou *bez*, tombe ; *ar*, terre) tombe de terre. C'est de là que vient Bégard, quoiqu'en disent certains auteurs. Dans l'enceinte de la communauté, il y a, en effet, un tumulus qui a été fouillé, comme il est facile de le constater.

Comme nous l'avons dit plus haut, les menhirs sont d'un âge antérieur aux tumulus. Ceux-ci, en effet, si parfois ils ont fourni des instruments de l'âge de la pierre polie, ont aussi donné des preuves qu'ils étaient de l'âge du bronze et du fer. C'est ce que viennent de nouveau démontrer les fouilles pratiquées, par MM. le commandant Martin et Berthelot du Chesnay, en 1898, du 17 au 20 août, au tumulus de Tossen-Maharit, commune de Trévérec, Côtes-du-Nord (1) et, en 1900, au tumulus de Launay-Botloï. « Ces monuments, comme celui de Kertanouët (Vieux-Bourg) précédemment ouvert par eux, s'est trouvé de l'âge de fer » (2).

D'autres fouilles intéressantes ont été faites par M. du Chatellier, dans une sépulture de l'âge du bronze. Les tumulus, quand on y a trouvé quelque chose, ne se sont jamais élevés qu'aux deux âges du bronze et du fer.

Si les menhirs sont plus rares à Carnoët qu'à Saint-Servais, par exemple, il faut, comme nous l'avons dit, l'attribuer, non au petit nombre des habitants, mais à la difficulté de se procurer des pierres convenables pour l'érection de ces monuments. D'un autre côté, les tumulus sont plus nombreux, plus communs, ainsi que nous allons le voir.

Le nom même de Carnoët nous avertit que c'est le pays des tumulus ou des *Carns*.

Carnoët, en effet, signifie le *carn du bois*, c'est-à-dire le *tombeau du bois*, l'*ossuaire du bois,* ou, si l'on ne veut pas de cette étymologie, *les tombeaux* ; ce qui est absolument vrai, car, malgré les différents noms qu'on a donnés au monticule de Saint-Gildas, cette élévation n'est autre chose qu'un *tumulus* et nous verrons plus tard que le camp prétendu

(1) *Bulletin de la Société d'Émulation des Côtes-du-Nord*, t. XXXVII, 1899.
(2) Voir l'*Indépendance bretonne* du 21 septembre 1900.

romain existe un peu plus loin. C'est le *carn du bois*, car autrefois Coat-Fréau devait envelopper toutes ces hauteurs. C'est aussi un pays de *Carns* ou de tumulus, comme nous le dirons tout à l'heure.

A Clohars-Carnoët, entre Quimperlé et Le Pouldu, il y avait aussi un *Carn*, dans la forêt du même nom, et dont la fouille a fourni des ossements humains.

Carnac, du Morbihan, a la même étymologie, ainsi que Carnac de l'Égypte. Les fouilles opérées, soit dans le Morbihan, soit en Égypte, prouvent la réalité du nom.

Non loin du bourg de Carnoët, sur la route de Callac, il y a un village qui se nomme Ker Garn. Où se trouvait le tumulus ? Après avoir plusieurs fois examiné sérieusement les lieux, nous avons cru reconnaître sa place dans un espèce de jardin qui se trouve à l'Ouest des habitations ou au pignon de la maison. Entre cette pièce de terre, en effet, est le champ situé au Nord-Ouest et, plus ou moins dans le talus qui les sépare, il existe une élévation qui ne semble pas naturelle à la pente du terrain des deux pièces de terre. De plus, il semble aussi qu'on a enlevé des terres du côté de l'aire à battre.

Entre le tumulus de Saint-Gildas et de Ker Garn, il en existait encore deux autres : l'un dans Parc-Munut (section B, N° 883), c'est au Nord de la maison d'école des garçons, dont il est séparé par une autre pièce de terre ; l'autre situé au Nord du bourg dans deux pièces de terre. Ce sont, dans la section B du plan cadastral, le n° 880, nommé Goarem-an-Toulec, et le n° 881, nommé Goarem-Jouc'han. Comme nous l'avons dit, ce tumulus se trouve aujourd'hui partagé en deux par un talus, sur lequel, en cet endroit seul, il n'y a pas de végétation, tandis que les deux extrémités du talus sont boi-ées. C'est le seul moyen d'expliquer les deux exhaussements

qui existent également et au même niveau dans les deux
pièces de terre.

On ne peut pas dire que ces élévations proviennent de
fouilles qu'on a pu faire pour chercher du minerai de plomb,
puisqu'on ne rencontre aucune pierre, aucune gangue venant
du fond du sol, comme la chose se constate aisément pour
Ker Lastr, la Ville-Neuve... La même remarque est à faire
pour la terre du tumulus de Parc-Munut. On s'aperçoit facilement que ces élévations sont de la terre rapportée et qui a
été étendue pour rendre le champ cultivable.

Nous n'avons rien exagéré, en affirmant que Carnoët avait
été un centre de peuples primitifs. Nous avons vu que partout
on rencontre leurs vestiges, à Saint-Gildas et dans les environs
du bourg. Ce n'est pas tout. Ayant été averti par M. l'abbé
Cozannet, vicaire de la paroisse, que le quartier de Saint-
Corentin possédait une élévation dans un champ situé dans
les environs de Ker Non, nous nous sommes rendu sur les
lieux, le 8 septembre 1900, pour bien constater ce qu'était
cette élévation de terrain.

Nous fûmes favorisé au-delà de toute espérance. Au moment où nous dépassions la Croix, située entre Ker Non et
l'auberge qui se trouve sur la route de Carhaix, vis-à-vis de
la chapelle de Saint-Corentin, nous rencontrâmes un homme
auquel nous demandâmes quelques renseignements. Impossible de faire une meilleure rencontre. C'est Jean Quénechdu,
fournier, habitant ce lieu et surtout chasseur émérite, qui
connaît à fond toutes les pièces de terre à une lieue à la ronde.

Il voulut bien nous accompagner et nous conduisit directe-
ment à la pièce de terre où se trouve l'élévation. Ce champ a
été cette année sous culture de seigle et il est facile de se
fixer sur la nature du terrain. La butte a été notablement des-
cendue par la culture ; mais elle a encore plus de 2 mètres

d'élévation au-dessus du niveau ordinaire du champ, qui est justement nommé *Parc-ar-Vouden* (Champ de la Motte). Le nom indique donc l'état de la pièce de terre et l'existence de la motte avant qu'elle ne reçût un nom.

Nous demandâmes à Quénechdu s'il n'y avait pas des élévations semblables dans le voisinage. Il nous répondit qu'il y en avait une autre dans un champ limitrophe de *Parc-ar-Vouden*. Nous nous rendîmes, et la présence du tumulus était facile à constater. Comme cette pièce de terre a été plus cultivée que la précédente, la hauteur de la butte est moindre, mais facile cependant à reconnaître. Les formes sont absolument les mêmes que pour la précédente. Ce champ, qui porte le nom de *Parc-an-Hay*, est sur le bord de la route de Carnoët à Carhaix, et entre Ker Non et la Croix, tandis que le premier se trouve à un champ de la route et entre la Croix et l'auberge dont nous avons parlé. Ces deux pièces de terre ne dépendent pas des terres que MM. de Parsevaux ont à Ker Non, mais dès terres qu'ils possèdent à Trélan.

Quénechdu nous apprit aussi qu'il y a quelques années, un prêtre, avec quatre hommes, vint faire des fouilles dans Parc-ar-Vouden. Il avait alors 7 ans et il en a 43 ans, ce qui donnerait 1864 ; mais il nous dit que c'était vers 1869 ou 1870 — avant ou après la guerre.

De là nous nous rendîmes chez Le Corre, à Saint-Corentin ; il confirma ce que nous avait dit Quénechdu et ajouta qu'il y avait 28 ou 30 ans depuis l'époque des fouilles, ce qui donne bien la date de 1869 ou 1870. Les ouvriers logeaient chez son frère, sacristain à Saint-Corentin. D'après lui, le prêtre était le recteur de Plésidy. En 1869 et 1870, le recteur de Plésidy s'appelait M. Le Foll.

Le Corre, comme Quénechdu, nous assura que l'on découvrit plusieurs objets et particulièrement un sabre.

Quénechdu nous fit aussi savoir qu'il y avait *Eur-Vouden* à Ker Nanvel Vras, dans une pièce de terre appartenant à M. Le Coq, héritier de Pierre Le Coq, de Ker Riou. Il voulut bien nous accompagner jusque là et nous pûmes constater la réalité du fait. Cette pièce de terre a été cultivée cette année et est remplie de blé-noir. La ferme de M. Le Coq est louée à Collobert François, dont le fils, jeune encore, tenté par l'appât d'un trésor, dit-on, a fait des fouilles dans le *Vouden*. Il est facile de s'assurer de ces fouilles qui ont laissé un creux sur le milieu de la hauteur. Du reste, on s'aperçoit aisément que le tertre a été remué. Le blé-noir n'a presque pas poussé dans ce terrain, mis trop récemment à l'air.

Un examen tant soit peu sérieux fait immédiatement voir que ce sont là des ouvrages exécutés par la main de l'homme; aucun accident de terrain ne justifie leur présence. Les deux premiers sont sur un sol parfaitement uni et le troisième, quoique se trouvant sur une élévation, n'offre rien qui exige son existence. Il n'y a aucune carrière, aucun percement dans les environs, aucun mouvement de terrain. Ce sont donc des tumulus. Ils ont les mêmes formes que ceux dont nous avons déterminé l'existence auprès du bourg de Carnoët et ce sont aussi à peu près les mêmes distances qu'entre Saint-Gildas et Ker Garn.

Le tumulus de Parc-ar-Vouden doit se trouver à 3 ou 400 mètres de celui de Parc-an-Hay, tandis que celui-ci doit être situé de 800 à 1000 mètres du tertre de Ker Nanvel. Celui de Parc-Jouc'han est à la même distance de Ker Garn.

Carnoët fut donc une station de peuples primitifs, soit de l'âge du bronze et du fer, soit de l'âge de la pierre polie et taillée.

Nous n'ignorons pas que les personnes qui ne sont pas au courant de ces questions, prendront nos appréciations pour des rêves; libre à elles; mais nous leur demanderons de mettre quelque chose de plus rationnel et de plus explicatif à leur place ; car le fait, il est impossible de le nier. Nous savons que les découvertes archéologiques et surtout la manière de les interpréter, comme les découvertes scientifiques, ont à peu près le même sort et doivent passer par les mêmes épreuves. En tout, la vérité a de la peine à se faire jour et souffre toujours contradiction ; mais, comme le Soleil, elle finit par triompher, soit des ténèbres de la nuit, soit des nuages qui tendent à arrêter ses rayons bienfaisants.

Notre idée dominante, à nous, est de mettre en évidence toutes les vérités, autant qu'il est en notre pouvoir.

Nous ne pensons pas que l'élément celtique pénétrât en Armorique avant les Romains ; mais cette contrée reçut cependant des visites des peuples orientaux.

Une ancienne tradition assure que les Tyriens vinrent dans ces régions chercher des métaux, lorsqu'ils se rendaient aux îles Cassérilides où ils prenaient l'étain. Ce fait est historique ; Hérodote et plusieurs autres historiens anciens l'affirment. Les monnaies tyriennes trouvées au Coz-Yaudet, semblent prouver que c'est de là qu'ils se dirigeaient vers le centre de la péninsule armoricaine. D'aucuns pensent que Carhaix était leur station principale et qu'ils nommèrent ainsi ce lieu, en souvenir de *Cherem* ou *Keren*, ville tyrienne d'où ils partaient. Le nom de *Kerès,* qui a fourni matière a tant de discussions, trouverait là une explication suffisante. Le changement de *m* en *n* et de l'un et l'autre en *s* est dans l'esprit de toutes les langues orientales (1).

Mais la route directe du Coz-Yaudet à Carhaix passe par Carnoët. C'est aussi par là que les Romains, plus tard, tracèrent la voie qui unit ces deux points.

____

(1) Mgr Coupperie, évêque de Babylone, écrit dans les *Annales de la propagation de la Foi*, t. IV, p. 291 : « J'ai passé près de la ville de *Haran*, nommée depuis Charan et Carhes. »

CHAPITRE III

Les Romains à Carnoët

On peut, sans témérité, affirmer que les Romains sont venus à Carnoët et qu'ils ont dû y avoir un établissement quelconque. C'est ce que nous allons nous efforcer de mettre en évidence.

Nous pouvons d'abord dire que c'est une croyance générale et les preuves, pour étayer cette croyance, ne manquent pas. Tout le monde dit : « sur la hauteur de Saint-Gildas, il y a un camp romain ». On se trompe, non sur le fait, mais sur la position réelle de ce camp, comme nous allons le voir.

Voici ce que nous dit Gaultier du Mottay, dans sa géographie des Côtes-du-Nord, sur l'occupation des Romains à Carnoët : « Sur le mamelon de Saint-Gildas on voit les traces d'un camp romain circulaire, dont les fossés ont 7 mètres de profondeur. On trouve encore les traces de la voie romaine de Carhaix à Lannion, et ces traces sont surtout très apparentes, près du vieux Château de Rospellem » (1).

Voilà donc un auteur qui a fait des études sérieuses sur la question de l'occupation romaine, qui constate la présence de ces conquérants à Carnoët.

(1) *Géographie des Côtes-du-Nord*, Carnoët, p 492.

Nous avons plusieurs remarques à faire sur ces paroles du géographe.

Et d'abord, nous pensons qu'il serait plus exact de dire : « Voie romaine de Carhaix au Coz-Yaudet », puisque l'existence de Lannion est d'une date beaucoup plus récente que l'époque de l'occupation romaine. D'ailleurs, Gaultier du Mottay lui-même, dans ses remarquables études sur les voies romaines, dans le département des Côtes-du-Nord, donne Le Guéaudet comme terme à la voie qui partait de Carhaix. Du reste, il est facile de la suivre : à partir de Plouaret, elle traverse une partie de Ploumilliau, coupe la route de Lannion à Morlaix, près de Ploulec'h, où elle passe, et sa largeur jusqu'au Coz-Yaudet indique partout sa présence.

Nous dirons aussi que cette voie ne passe point à Rospellem. Sans doute, il y a bien une voie romaine à Rospellem ; mais elle va à Morlaix et doit venir de Vannes ou de Guéméné. C'est la route qui vient de Loch-a-Bidor au bourg de Carnoët et qui va à Saint-Cado, passant par Trévénec (1).

Nous doutons fort que ce que Gaultier du Mottay appelle un camp romain circulaire, ait eu primitivement cette destination. On peut admettre que les Romains s'en sont servis comme observatoire et même qu'ils y entretenaient un poste permanent d'observation, soit pour surveiller les trois voies qui s'y

(1) Voici, autant que nous avons pu la suivre, cette route dans toute sa longueur : Vannes, Plescop, Camors, Pont-Augan où elle passe le Blavet, non loin de l'hermitage de Saint-Gildas, Quistinic, Bubry, Persquen, Guéméné, Plouray (sans aller à la chapelle des Anges), La Trinité, Paule, La Croix-Neuve, Tréôrivan, Lochrist, Le Buénou, Loch-a-Bidor, Carnoët, Landere (où elle coupe la route de Carhaix au Yaudet), Trévénec, Rospellem (où elle traverse l'Aulne), passe entre Scrignac et Bolazec, Merdy (d'où elle va en ligne droite sur Lannéanou), Plougouven, Morlaix. Nous ne pensons pas que la nouvelle route de Carnoët à Morlaix l'ait suivie. Celle-ci reste à gauche.

croisent : celle de Coz-Yaudet, celle de Morlaix et une autre
qui allait de Carhaix à Pontrieux et à Lézardrieux, soit surtout
pour avoir l'œil sur les forêts de Duault où tout nous parle
de nos ancêtres armoricains, et de Coat-Fréau, où les indigènes, chassés des côtes, s'étaient retirés. Car, après la défaite
des tribus armoricaines sur les côtes du Morbihan par César
et malgré son atroce tyrannie, tous les habitants ne furent pas
anéantis, comme veulent bien nous le conter MM. Arthur
Le Moyne de la Borderie et les tenants de son école critico-
opportuniste. Au moment de la catastrophe du Morbihan, il y
avait, chez ces peuples, des femmes, des enfants, des jeunes
gens, des vieillards, qui ne furent pas faits prisonniers, ni
massacrés ou vendus et qui se retirèrent dans la grande forêt
centrale, Brécéliande, selon l'habitude des peuples primitifs.
De là, ils ne cessaient de harceler les Romains, auxquels ils ne
voulurent jamais se soumettre ; ce qui explique le peu d'influence de Rome dans la presqu'île armoricaine, tandis que le
reste de la Gaule se romanisait.

Nous penchons donc à croire, comme nous l'avons dit plus
haut, que dans le principe la hauteur de Saint-Gildas (Tosen
Sant-Veltas) fut simplement un *tumulus* des plus remarquables,
et, si nous avons un regret, c'est de n'avoir pas fait la fouille
de ce monument, avant qu'il eût changé de propriétaire ; alors
toute autorisation eut été facilement obtenue.

Du côté de la chapelle de Saint-Gildas, il existe, il est vrai,
un second relèvement de terre, avec un second fossé, et cela
fait de main d'homme. Absolument parlant, ce travail peut
appartenir aux Romains. Cependant, ici encore, nous avons
une opinion différente, et notre manière de voir repose sur
les fouilles pratiquées à Mané-Becker-Noz, à Carnac, Morbihan.
Là aussi, se trouve, comme à Carnoët, un tumulus plus considérable et à côté une élévation de moindre hauteur qui, lors

des fouilles qu'on y a faites, a fourni des ossements humains, que Broca a déterminés (1). Cette étude a été publiée dans la *Revue d'Anthropologie* de Paris.

(1) Cette étude fut funeste à la doctrine de Broca. Ce savant, dont les connaissances ethnologiques ne dépassaient pas les Celtes, prétendit que ces ossements avaient appartenu à un individu de la race celtique ; mais on lui prouva le contraire. L'erreur de Broca n'a pas encore complètement disparu, puisque certains écrivains appellent toujours les menhirs, les dolmens, les tumulus..... *des monuments celtiques*. C'est une erreur qui disparaîtra avec le temps. Leur prétendue langue celtique, n'est *pas plus celtique* que ceux qui la parlaient et la parlent encore. On nous demandait un jour : quel nom leur donner ? Le nom que vous voudrez, pourvu que vous ne commettiez pas une erreur historique et ethnologique.

CHAPITRE IV

Le véritable camp romain, sa forme, ses dimensions et sa disposition.

Il n'y a donc pas, nous dira-t-on, de camp sur les hauteurs de Saint-Gildas ?

Oui, il y en a un parfaitement déterminé, et nous connaissons depuis longtemps ce camp. C'est M. Vauchel qui nous donna le premier des renseignements à ce sujet, et nous l'examinâmes ensemble. Depuis, nous nous sommes rendu maintes fois sur ce terrain.

Le 13 août 1898, nous avons voulu examiner plus scrupuleusement ces lieux et déterminer ce qu'il y a de plus probable sur l'occupation des Romains à Carnoët.

Arrivé près du camp, nous trouvâmes (1) un brave homme qui ramassait de l'avoine dans un champ voisin. Nous nous dirigeâmes vers lui et nous nous mîmes à causer. Nous fîmes semblant de n'être au courant de rien de tout ce qui concernait le pays, voulant savoir ce que pensaient nos paysans de ces débris antiques.

Nous lui demandâmes ce qu'il y avait de remarquable dans les environs ; car nous avions entendu parler de choses extraordinaires concernant cette contrée. Il nous répondit avec une rare intelligence, commettant quelques anachronismes : faisant parler la poudre et tonner le canon. Nous nous gar-

---

(1) M. François Jaffrennou, jeune poëte breton, déjà illustre, nous accompagnait.

dâmes bien de le détromper, car nous aurions coupé court à son éloquence, ce que nous ne voulions nullement, c'eût été agir contre la fin que nous voulions atteindre. Il nous dit :

« Vous voyez la motte ronde qui est là-haut ? » et il nous montrait le tumulus. — Oui. — « Là, il y avait jadis un parti ennemi ; mais, dans la pièce de terre voisine de celle-ci, il y avait un camp, car les talus qui l'entourent ne sont nullement des fossés (*girzier*, talus). Vous n'avez qu'à les examiner et vous verrez leur largeur, et puis, ils sont en pente du côté intérieur. Ce n'est pas ainsi qu'on construit des fossés (talus) pour empêcher les animaux de sortir des champs. »

Tout ce raisonnement était très exact, et pour nous, la démonstration était évidente.

Il nous indiqua ensuite les sorties, les attaques, les défenses qui illustrèrent *Monten-Sant-Veltas* (1).

Raconter ces épisodes serait superflu et nous passons outre.

Trois jours après cette première inspection, nous nous rendîmes de nouveau sur les lieux avec un compagnon et, muni d'un décamètre, nous mesurâmes les parties principales du camp.

La hauteur actuelle du talus, du côté extérieur, est de 2^m et l'hypoténuse de l'angle, qui forme la longueur de la pente, est de $7^m 90$ ou 8^m ; ce qui donne pour la largeur du talus $7^m 61$.

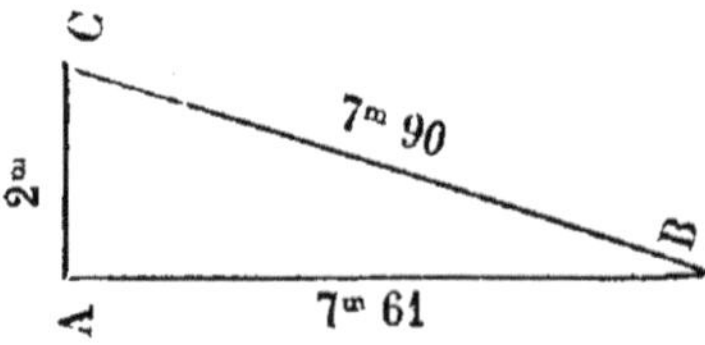

(1) Dans ce récit. il s'agissait plutôt de la bataille des **Bretons** contre Richard et ses Anglais ; nous en reparlerons plus tard.

Nous avons mesuré le côté Nord de la pièce de terre, qui est le mieux conservé et qui se trouve au Sud du tumulus ; nous y avons trouvé 72^m ; le côté Ouest a donné 83^m. Comme les côtés se dirigeant au Sud sont, nous semble-t-il, perpendiculaires sur le côté Nord, en multipliant 72^m par 83^m, on obtient 5976^{m2} ou 59 ares 76 centiares ou 76^{m2}. (V. la figure).

La pièce de terre, formée par le camp romain véritable, est appelée *Parc-ar-Menez-Bihan*, sous le N° 187 du plan cadastral de la section G du bourg, 1re et 2e feuille. Sa contenance est de 59 ares 20, nombre qui ne s'éloigne pas beaucoup de celui que nous avons donné ; cette différence doit provenir du peu d'exactitude de nos mesures, ou de ce que nous avons attribué à la pièce de terre des fossés (talus) qui ne lui appartiennent pas cadastralement. En tout cas, ce rapprochement de superficie prouve que nous ne nous sommes pas grandement trompé dans nos calculs (1).

L'ouverture du camp se trouve au côté Ouest, dans la direction de Carhaix et de la voie romaine de Carhaix au Coz-Yaudet. Cette ouverture a de 9 à 10^m et se trouve à 42^m de l'extrémité Ouest du côté Nord. La seule vue de cette ouverture fait suffisamment comprendre que ce n'est point l'entrée ordinaire d'un champ, telle que la chose existe dans cette contrée. Bien plus, cette ouverture serait impraticable aujourd'hui aux voitures.

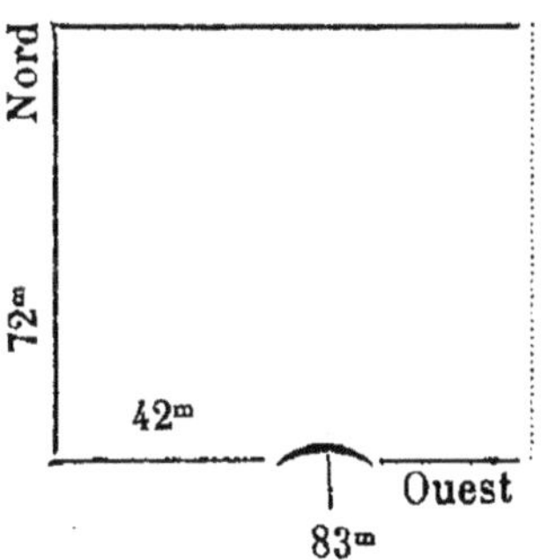

Nous n'insistons pas davantage sur l'existence de ce camp, soit romain, soit armoricain, soit d'un autre nom ; le moindre

(1) Nous avions fait notre calcul avant d'avoir consulté les cahiers de la Mairie.

doute n'est pas possible à ce sujet, et ceux qui voudraient nier ce fait, n'ont qu'à se rendre sur les lieux et ils seront bien vite convaincus de la vérité de ce que nous avançons. La disposition du camp, la forme des talus, leur largeur, leur perpendicularité, l'ouverture, tout est d'accord, avec la tradition locale, pour affirmer que le N° 187 du plan cadastral est un lieu spécial. Son enclavement dans *Menez-Bras*, N° 201 et dans *Parc-Menez-Morice*, N° 186, et surtout le chemin très large, formant aujourd'hui le N° 188 du cadastre, allant de l'ouverture du camp rejoindre la voie romaine, et nommé *Parc-Bihan-Tanguy*, indiquent une conformation et une disposition qui n'existent nulle part ailleurs, dans la division de nos terres en Armorique (Bretagne), excepté quand il s'agit de camps, dont l'existence est certaine, comme nous l'avons constaté nous-même pour deux camps voisins de l'abbaye de Langonnet.

CHAPITRE V

Briques romaines ; constructions romaines dans les environs de Saint-Gildas, sur une longueur de près d'un kilomètre.

Il n'y a pas seulement à Saint-Gildas un *tumulus* qui, sous les Romains, a pu devenir une vigie et même servir de station permanente, un camp rectangulaire plus considérable, assez bien conservé pour qu'il soit impossible de le confondre avec autre chose ; il y a, de plus, des traces de constructions en assez grand nombre et cela sur une longueur d'un kilomètre environ.

La voie romaine de Carhaix au Coz-Yaudet, arrivée au village de l'*Hébridou-d'an-Traou*, oblique vers le couchant pour éviter la hauteur de Saint-Gildas (Monten-Sant-Veltas) et arrive à Toul-ar-Bleiz. Mais au point où elle commence à se diriger à l'Ouest, s'ouvre une autre route allant à la chapelle de Saint-Gildas. C'est dans les champs qui bordent la voie romaine et cette seconde route, sur une longueur d'un kilomètre environ, que l'on rencontre des débris d'anciennes constructions romaines.

Si nous partons de Saint-Gildas pour aller vers Carhaix, nous rencontrons, près de la place de Saint-Gildas, les substructions de deux ou trois maisons ou constructions, dont nous avons encore vu une debout, il y a quelque cinquante ans, et qui figurent sur le plan cadastral (1). Mais, après un sérieux

(1) M. Jaffrennou, notaire à Carnoët, nous a dit qu'il possédait un document qui signale l'habitation d'un huissier à Saint-Gildas.

examen de ces emplacements, vous ne constatez que la présence de pierres du pays et il n'y a nulle trace de briques. Ces constructions n'appartiennent donc pas à l'époque romaine, caractérisée par la brique et le ciment bien connu.

Un peu plus loin, dans la direction de Carhaix, au contraire, quand vous arrivez vis-à-vis du camp romain véritable (*Parc-ar-Minez-Bihan*), il y a, entre le camp et la route, une pièce de terre (*Parc-Minez-Morice*, 2 hectares 25 ares), qui, en 1898, était semée d'avoine et de blé noir. Parcourez-la et vous rencontrerez à chaque pas des briques. Dans une dernière recherche, sans fouiller nullement le sol, nous avons été assez heureux de trouver un morceau très considérable de brique à rebord. Le même jour, nous avons également rencontré une brique dans *Parc-Minez-Bras*, N° 201, à peu près à 20 ou 25 mètres du tumulus et au Sud. Il semble qu'il y a eu en cet endroit une construction quelconque (1).

En 1898, le N° 190, n'ayant pas été cultivé depuis quelques années, se trouvait couvert de gazon et de genêts et ne nous fournit aucune trace de briques; mais, à Pâques 1899, il avait été labouré et, à chaque pas, on rencontrait des briques. La même année 1899, nous visitâmes de nouveau *Parc-ar-Minez-Bihan* ou la pièce de terre que nous avons appelée le véritable camp romain — ou du moins un camp quelconque. — Les briques n'y manquent pas, comme chacun pourra aisément le constater, pourvu qu'il s'y rende au moment où la terre vient d'être remuée. Dès 1898, les N°s 191 et 192 nous livrèrent leurs secrets : dans le premier, où il y avait du blé noir cette année-là, nous découvrîmes plusieurs briques et même une brique à crochet, et dans le second, plusieurs morceaux de

---

(1) Nous aurons à revenir sur cette pièce de terre. quand nous parlerons de la bataille de Saint-Gildas.

briques plus petits. Dans un courtil, du même côté du chemin de Saint-Gildas, sur la place de l'*Hébridou-d'a-Crec'h*, nous trouvâmes plusieurs fragments de briques. D'après le fermier de M. Prigent, il y avait là, il y a quelques années, une construction qu'on a complètement démolie.

L'autre côté de la route, par conséquent, en allant vers Carhaix et quasi vis-à-vis du camp romain, est une pièce de terre nommée *Parc-Mestz-Alen*, N° 295 du plan cadastral. Dans ce champ, nous avions remarqué, il y a 9 ou 10 ans, une ligne de ronces, allant d'un bout à l'autre, bien que cette pièce de terre fût parfaitement cultivée. Supposant, ce qui arrive d'ordinaire, qu'il y avait là les restes d'un vieux mur, nous y fîmes des fouilles et nous y trouvâmes un grand nombre de briques. Cependant la partie la plus importante nous avait alors complètement échappé. En 1898, nos recherches furent plus fructueuses. A l'extrémité Sud-Ouest de cette pièce de terre, non loin de la barrière, nous avons rencontré, presque à chaque pas, sur le sol et dans le talus, près de la barrière, une foule de briques ou fragments de briques, et cela sur une longueur de 12 à 13 mètres. Mais c'est surtout dans la pièce de terre contiguë, au Sud et dans le talus qui les sépare, que la quantité de briques est considérable. Ce champ, appelé *Parc-ar-C'hoël*, est le N° 294 du plan cadastral. Les débris qu'on y rencontre forment une élévation au niveau du champ supérieur et mesurent, avec le talus, une longueur de près de 20 mètres ; en sorte que les constructions qui devaient s'y trouver autrefois, n'avaient pas moins de 40 mètres de longueur. Dans cette dernière pièce de terre, nous avons trouvé plusieurs briques à rebord.

Le champ plus au Sud, N° 290, se nomme *Parc-ar-Bernec* et renferme beaucoup de gros morceaux de mâchefer, nous a assuré M. Boulanger, adjoint au maire de Carnoët et fermier actuel de M. Prigent. Nous n'avons pas pu vérifier ce fait qui est pourtant assez naturel ; car partout où l'on rencontre un camp ancien, on ne manque pas de trouver des scories de forge, comme nous l'avons constaté au camp de Morvan (Minez-Morvan, en Langonnet, Morbihan), lorsqu'il attaqua Louis le Débonnaire sur les bords de l'Ellé.

Nous habitions l'abbaye de Langonnet, quand la colonie agricole, qui y existait alors, entreprit le défrichement des environs. On découvrit dans les talus d'un camp, des masses de scories de fer ; tous les terrains de Minez-Morvan en sont remplis. Nous interrogeâmes les habitants de ce village, pour savoir s'il y avait eu des forgerons dans ce quartier, et tous furent unanimes à nous répondre négativement. D'ailleurs, ces scories avaient un volume tel qu'elles ne pouvaient être le produit des forges de nos maréchaux de campagne.

Nous pensons que les scories de l'Hébridou sont de provenance semblable. Enfin, comme nous le dirons plus tard, à Saint-Gildas, il s'est livré une bataille mémorable.

Les pièces de terre à droite de la route de Saint-Gildas à Carhaix, depuis le commencement de l'*Hébridou-d'a-Crec'h* jusqu'à Croas-Pirou, ne nous ont rien fourni, malgré nos recherches ; mais il faut dire que ces pièces de terre sont en jachère ou en herbage ; par conséquent les briques, s'il en existe, ne sont point visibles.

A Croas-Pirou tout change. Sur le côté gauche de la voie romaine, en allant vers Carhaix, classée aujourd'hui comme route de grande communication de Carhaix à Pontrieux, N° 54, nous a-t-on dit, il y a trois petites maisons couvertes en chaume, toutes les trois construites en pierres du pays et l'on ne trouve aucune brique dans ces constructions, tandis que les petites cours qui précèdent ces demeures et les terrains des chemins environnants, sont remplis de briques. Le jardin,

N° 398 du cadastre et même la clôture qui l'entoure, le jardin, N° 397, la petite cour devant la maison de Leyour en renferment beaucoup. Le chemin qui va de Croas-Pirou au Reste, en est pavé à son ouverture sur la voie romaine ; le jardin, N° 401, en contient également, ainsi que *Parc-ar-Groas-Huellan*, N° 402 du cadastre. Dans une dernière recherche, avant de quitter les lieux, nous avons trouvé deux fragments de briques dans le N° 553, au-dessous de Croas-Pirou.

Passons de nouveau au côté droit de la route qui va à Carhaix. A la bifurcation de la voie romaine, aujourd'hui route de grande communication N° 54, se trouve l'*Hébridou-d'an-Traou*. Au nord de l'habitation principale existe un verger qui ne nous a rien fourni, vu que c'est un herbage ; mais, derrière le verger, il y a une grande pièce de terre où il y a eu du seigle (1898) et, par conséquent, assez fraîchement labourée ; nous y avons trouvé trois fragments de briques, dont un à rebord. L'ouverture de ce champ est située sur la voie romaine ; c'est, nous le croyons, le N° 199 du cadastre.

De l'*Hébridou-d'an-Traou* part un chemin pour aller à Vernveur ou Guerveur, et un peu plus bas, sur la route de Carhaix, un autre pour la même direction. A leur jonction se trouvait, quand on dressa le plan cadastral, une habitation appelée *Pors-Marc*, mais qui n'existe plus actuellement. Son emplacement offre aujourd'hui un creux considérable, dont on s'explique difficilement la cause. Dans le talus voisin, nous avons rencontré deux fragments de briques. Dans le champ situé entre la voie romaine et l'emplacement de cette habitation, nos recherches ont été stériles et cela s'explique fort bien ; ce champ est depuis longtemps en jachère et ne présente aucun espace nu ; il est parfaitement gazonné.

Vis-à-vis des maisons de Croas-Pirou est situé *Parc-ar-Groas*, N° 297 ; on y rencontre des briques. Plus au Sud-Ouest

est *Parc-ar-Chapel,* N° 285, où les briques fourmillent. C'est
dans ce champ, qui dépend de Guernveur, que se trouve
Placen-ar-Chapel (1), sous le N° 286, contenant 7 ares, lors
du lever des plans cadastraux ; mais aujourd'hui cet emplacement est bien diminué, le fermier en ayant cultivé ce qui
pouvait l'être sans trop de difficulté. Nous avons mesuré
aussi exactement que possible, en août 1898, l'emplacement
du bâtiment qui a jadis existé en cet endroit et nous avons
trouvé une longueur de 27^{m}50 et une largeur de 13^{m}30 ; ce
qui donnerait 3 ares 46 centiares environ pour l'emplacement
du monument qui a disparu. Nous ne prétendons nûllement
donner les dimensions rigoureuses de ce monument, vu que
les lignes des fondations ne sont pas nettement tranchées,
surtout pour la longueur. Pour la largeur, c'est un peu plus
exact ; car, il y a deux ou trois ans, M. Prigent fit faire des
fouilles dans *Placen-ar-Chapel* et une partie des fondations
du côté Nord fut mise au jour ; malheureusement il n'en est
pas de même du côté Sud et des deux extrémités, et c'est
pourquoi nous ne garantissons pas l'exactitude de nos chiffres.
Il faudrait que M. Prigent, qui est possesseur des fermes de
l'Hébridou et de plusieurs autres propriétés dans la région,
fît, pour la science et l'histoire, déblayer ce terrain. Alors
seulement, au moyen des substructions, on pourrait se fixer
sur la grandeur de ce monument, sur sa forme et peut-être
par là sur sa destination. Je crois que M. Prigent est membre
d'une société scientifique quelconque ; par ce travail, il méri-
terait doublement d'en faire partie. D'ailleurs, M. Prigent ne
perdrait rien ; car, s'il dépensait quelques francs pour faire
exécuter ce travail, son champ acquerrait une plus-value.

(1) On écrit généralement *placzen ;* nous avons conservé l'ortho-
graphe du cadastre. *Tachen* vaut mieux que *placzen.*

Nous nous permettons de dire qu'il faudrait que le trava
fût accompli d'une manière plus intelligente que les fouilles
qu'on y a déjà pratiquées.

Sans remuer quoi que ce soit, nous avons pu voir que les
environs ds *Placen-ar-Chapel* sont jonchés de briques. Nous
avons pris deux ou trois fragments qui semblent à rebord et
de même structure que celles que l'on rencontre au-dessus
de l'Hébridou. On rencontre des briques jusqu'au talus Sud-
Ouest de la pièce de terre. Le champ, contigu vers le couchant, le N° 282, qui tombe sur le chemin de Ker Autem à
Guerzauzic, renferme aussi des briques jusque dans sa partie
extrême.

Là, semble s'arrêter la limite des débris romains dans la
direction de Carhaix. A partir du chemin de Ker Autem à
Guerzausic, en effet, le sol devient plus humide et plus ou
moins marécageux en hiver, et, par conséquent, peu propre à
y faire des habitations, tandis que plus haut, le site est de
toute beauté. C'est un coteau incliné tantôt à l'Est, tantôt au
Sud et au Sud-Ouest, recevant tout le jour les rayons du
soleil, lorsque celui-ci se manifeste au firmament. Les plus
beaux paysages s'offrent à la vue, un horizon immense dont
les derniers plans sont formés par les hauteurs de Plougonver,
de Bulat, de Burthulet et de Pestivien, de Coat-Parc-Duault,
de Saint-Nicodèmo, de Kergrist-Moëllou, de Plouguernével,
de Rostrenen, de Mellionnec, de Glomel, de Castellauenan,
du Rocher de la Madeleine et même de Plouray, des Mon-
tagnes-Noires, de Las, des montagnes du Finistère, etc.

Et dans cet hémicycle, pointent au ciel les clochers de Carnoët, de Plusquellec, de Callac, de Botmel, de Bulat, de
Duault, de Saint-Nicodème, de Kergrist-Moëllou, de Locarn,
de Maël-Carhaix. de Glomel, de Trébrivan, de Treffrin, de
Motreff, de Carhaix, de Poullaouen, de Huelgoat et une foule
d'autres dans le Finistère.

Mais quittons cet admirable panorama !

Nous pouvons donc conclure qu'au-dessous de Saint-Gildas et du camp romain, sur la route de Carhaix au Coz-Yaudet et sur le chemin qui commence à l'Hébridou et va jusqu'à Saint-Gildas, il y a eu, des deux côtés de la route, des constructions sur une longueur de près d'un kilomètre.

Ces constructions devaient être romaines, car ni les Armoricains primitifs, ni les Bretons, qui ont pu habiter ces régions dans la suite, ne construisaient en briques, les pierres étant très abondantes dans le pays. Ils ne couvraient pas non plus leurs bâtiments en tuiles ; leurs toits étaient soit en chaume, soit en ardoises, comme tout le monde le sait. D'ailleurs, aucun autre endroit en Carnoët, ni dans les environs, n'offre un fait pareil. Les ruines de Rospellem ne présentent que des pierres.

D'ailleurs ces briques ont des bords et des moulures, et peut-être des crochets, caractères que donnent tous les archéologues à la brique romaine.

CHAPITRE VI

Un dernier mot sur l'occupation romaine

Les faits que nous avons énumérés, ne peuvent être révoqués en doute. Essayons cependant de les corroborer et de les interpréter dans le sens qui paraît être le sens véritable. Quand on s'occupe d'une question, qui peut être controversée, il importe de jeter sur elle le plus de lumière possible, pour que la vérité ressorte davantage.

Et d'abord, le nom du lieu nous fournit-il quelque renseignement ? Oui. Son étymologie est une confirmation de nos découvertes. Le mot *Hibridou* ou *Hébridou*, car il s'écrit des deux manières, même sur le plan cadastral, et est prononcé de même par les habitants de Carnoët, ce mot ne peut venir que de deux racines : *kaé*, *c'haé*, *ké*, *c'hé* et, par suite, *hé*, *ar hé*, clôture, fermeture, et, par extension, mur, et de *pry* (de Restrenen), *pri* (Le Gonidec), argile, terre glaise. Ce mot signifierait donc *clôtures d'argile* ou *maisons* d'argile, car c'est au pluriel, Hébridou.

Comme ce sont de véritables briques, des briques cuites, ayant même passé dans des moules, il ne s'agit pas ici de tor_ chis que l'on rencontrait jadis en grand nombre dans certains endroits de la Bretagne et de la Normandie. En Armorique, ces constructions portent ordinairement le nom de *typry*.

Nous connaissons un moulin dans la commune de Gurunhuel, non loin de la gare de Moustérus, qui s'appelle *Milin-a-N'hébry*.

Le nom *Hibridou* ou *Hébridou* est donc parfaitement adapté à l'endroit qu'il désigne: des clôtures de terre glaise cuite ou des constructions en briques.

Le *Dictionnaire universel de la langue française*, par C. M. Gattel, 7e édition, Paris, 1844, parmi les différentes significations du mot *haie,* donne celle-ci : « Espace dans lequel on arrange les briques pour les faire sécher ».

Y a-t-il eu à l'Hébridou, du temps des Romains, une briqueterie? C'est très possible. La quantité de briques disséminées sur le vaste terrain de ce village, le laisserait supposer. Il y a une pièce de terre qui se nomme *Parc-Toul-ar-Forn*, le champ de l'entrée du four ; mais cet endroit est trop éloigné des habitations, pour qu'on puisse admettre qu'il y ait eu là un four à pain. Qu'était-ce donc ?

Les argiles du coteau paraissent propres à la confection des briques, et en descendant vers Croas-Pirou, on rencontre un sable fin, renfermant du feldspath plus ou moins décomposé qui, mêlé à de l'argile, doit produire une excellente brique.

J'ai dit du temps des Romains : jamais personne, en effet, n'a entendu parler de cette fabrique de briques, pas plus que du patron de la chapelle, dont nous nous sommes occupé plus haut. D'un autre côté, on ne voit aucune excavation, aucun creux indiquant qu'on y a pris de la terre argileuse. Tout a été comblé et nivelé par la culture ; ce qui indique un temps bien lointain. Bien plus, les talus actuels des champs sont élevés sur les emplacements de ces anciennes constructions, Il n'en reste plus de traces, excepté à *Placen-ar-Chapel ;* cependant partout on rencontre des briques romaines.

Cet ensemble de choses inclinerait à croire que nous sommes en présence d'une briqueterie romaine, dont les produits se dirigeaient vers Carhaix et dans les différentes stations où le besoin se faisait sentir.

Il y a donc eu une station romaine à l'Hébridou : était-ce pour fabriquer des briques ? On peut le croire, et, dans ce cas, le prétendu camp romain ne serait qu'un campement d'ouvriers, défendu cependant à l'extérieur. Cela était nécessaire, vu qu'on était de partout entouré d'ennemis, qui étaient à la piste de la moindre occasion favorable pour attaquer leurs oppresseurs. Les Armoricains furent vaincus, mais jamais soumis. Aussi furent-ils les premiers à se soustraire au joug des Romains.

Nous avons exposé, sans parti pris, les différentes manières d'apprécier les monuments matériels que les Romains ont laissés à Carnoët et qui prouvent leur présence en ces lieux. Chacun embrassera l'opinion qui lui paraîtra la plus plausible, s'il s'intéresse à ces questions.

CHAPITRE VII

Que penser de « Placen-ar-Chapel » (l'emplacement
de la chapelle) et de « Croas-Pirou ? »

Les substructions de *Placen-ar-Chapel* appartiennent-elles
à une chapelle proprement dite — chapelle chrétienne — ou
à un temple païen quelconque?

Nous penchons à croire qu'elles sont les restes d'un temple
païen, et voici nos raisons.

Sans doute, la pièce de terre, Nº 285, s'appelle *Parc-ar-
Chapel* et l'emplacement qu'il renferme, *Placen-ar-Chapel* ;
mais on ne connaît ni le mystère du christianisme qui avait
conduit à son érection, ni le nom du saint ou de la sainte
qu'on y vénérait. Plusieurs chapelles ont été détruites dans la
paroisse de Carnoët, et, si les vestiges ont même disparu, leur
souvenir est resté dans la mémoire d'une partie de la généra-
tion actuelle, sinon dans les archives. Ainsi l'on sait fort bien
qu'au village (hameau) du Gollod-ar-Rivier ou auprès, il existait, avant la Révolution, une chapelle sous le vocable de
saint Conogan ; à Lestern, une chapelle dédiée à saint Efflam ;
à Locmikel, une chapelle à saint Michel, et enfin, à Locmaria,
une chapelle élevée en l'honneur de la sainte Vierge, Notre-
Dame de Locmaria.

Interrogez, après cela, au sujet de *Placen-ar-Chapel.*

Ici, aucun souvenir, aucune tradition ; rien n'est resté dans
la mémoire des habitants que le mot *chapel*. Où il y a

eu des chapelles chrétiennes, on a continué assez longtemps à faire une espèce de pardon le jour où la fête se célé-
brait ; ici, il n'y a encore rien. Nous avons maintes fois entendu
Mme Jouan dire : c'est aujourd'hui le pardon de Saint Efflam à
Lestern. Elle naquit à Lestern.

C'était une chapelle et voilà tout.

Nos ancêtres, devenus chrétiens, ont appelé les ruines de
cette espèce, *chapelle* ; ils n'avaient pas un autre mot pour
désigner de pareils édifices.

D'un autre côté, quand on fouille les restes des monuments
les plus anciens de notre pays, et surtout des églises et des
chapelles, on ne rencontre que des pierres, tandis que dans
Placen-ar-Chapel on trouve des briques et'même des briques
romaines. Pourquoi cet emplacement ferait-il exception à la
règle générale ?

Était-ce véritablement un temple ? Le mot *Placen-ar-Chapel*
semble, en réalité, indiquer la destination de l'édifice en
question. Nous ne contesterons nullement avec ceux qui
seraient d'une opinion différente de la nôtre et nous serions
heureux de reconnaître notre erreur, si on pouvait nous nommer un patron quelconque de la chapelle.

Quant à *Croas-Pirou* ou mieux *Croas-Birou* (1) et *Parc-ar-
Groas*, ils indiquent simplement qu'il y a eu jadis une croix
en cet endroit, bien qu'il ne reste plus aujourd'hui aucun vestige. Mais cette croix, selon nous, ne prouve absolument rien
contre notre appréciation sur *Parc-ar-Chapel*. Personne
n'ignore que les premiers chrétiens de l'Armorique, pour
détruire l'influence païenne, soit druidique, soit romaine,

____

(1) Croas-Pirou ou Birou doit se traduire par la *Croix-aux-Lances.*
Bir, ber signifie lance, dard, flèche, broche. Nous avons vu, en effet,
des croix où pour indiquer les instruments de supplice du Sauveur, il
y avait deux lances ou deux longues piques pointues.

érigeaient des croix partout où il y avait un signe quelconque
de paganisme. De là vient que plusieurs menhirs, comme ceux
de Saint-Mathieu (Finistère), sont couronnés d'une croix, et
parfois, comme à la chapelle des Saints, en Plouaret, sur un
dolmen, on construisait une chapelle. Les fontaines sacrées
également furent christianisées ; dans les carrefours (croas-
hent) s'élevèrent des croix ; au lieu d'éteindre le sentiment
religieux des populations, on lui donna une direction dans le
sens de la religion nouvelle, en l'élevant à la hauteur des
sentiments du Christ, selon les paroles de saint Paul (1).

(1) Phili, II, 5. *Hoc enim sentite in vobis, quod et in Christo Jesu.*

CHAPITRE VIII

Résumé

Résumons ce que nous avons dit sur Saint-Gildas et ses environs.

1° L'espace circulaire de Saint-Gildas est probablement un tumulus fort remarquable, qui a donné son nom à la commune de Carnoët, *Carn-c'hoët, le carn ou tombeau du bois*. Cette élévation a pu servir de vigie aux Romains et même de retranchement à un certain nombre de soldats qui surveillaient les deux voies romaines qui passent près de Saint-Gildas et une autre qui passe encore par Carnoët (1). On pourrait dire avec plus d'exactitude que c'était pour avoir l'œil toujours ouvert sur Coat-Fréau et Coat-parc-Duault, où les Armoricains s'étaient cantonnés ;

2° Le camp proprement dit est un terrain rectangulaire, qui se trouve un peu plus bas que le tumulus vers le sud. Était-ce un camp militaire ou un campemement ?

3° Sur une longueur de près d'un kilomètre, des deux côtés de la voie romaine de Carhaix au Coz-Yaudet, maintenant la route de grande communication n° 54, et également

(1) Trois voies romaines au moins passaient à Carnoët : 1° celle de Carhaix au Coz-Yaudet ; 2° une autre qui allait de Guéméné à Morlaix, c'est celle-là qui passe par Rospellem ; 3° une troisième allant de Carhaix à Pontrieux ou à Lézardrieux. C'est aussi la route de Carhaix à Guingamp, mais elle prenait la direction de Botmel.

des deux côtés du chemin qui s'y greffe à l'Hébridou-d'an-Traou pour aller à Saint-Gildas, on rencontre partout des briques romaines, dont plusieurs morceaux ont encore des rebords, des moulures et peut-être des crochets ; mais particulièrement à *Parc-ar-Chapel*, à *Croas-Pirou* et des deux côtés du chemin de Saint-Gildas, vis-à-vis du camp romain ;

4° Il est probable que dans *Parc-ar-Chapel* il y a eu un temple païen ;

5° On ne peut douter qu'il n'y ait eu en ces lieux une station romaine.

Nous sommes persuadé que des fouilles pratiquées d'une manière intelligente, dans le tumulus de Quénéquillec, viendraient confirmer notre assertion. Ces terres appartiennent actuellement à M. Guyot, ancien avoué à Guingamp. Il possède au moins cinq ou six métairies dans ce village, soit un revenu annuel de six ou sept mille francs, dont il pourrait, sans se ruiner, distraire quelques centaines de francs pour faire ces études. M. Prigent, héritier de la famille Philippe, ferait de même pour l'Hébridou.

C'est grandement à désirer.

Mais, comme nous l'avons dit, il faudrait que ces travaux fussent exécutés avec intelligence.

CHAPITRE IX

**Examen du roman fabriqué par M. de La Borderie au
sujet de « Tosen-Sant-Veltas » (monticule de Saint-
Gildas) et d'un prétendu monastère qui, selon lui,
aurait existé au sommet de ce monticule.**

C'est ici, nous le pensons, le lieu d'apprécier le roman
que M. de La Borderie a fabriqué au sujet de *Tosen-Sant-Veltas*
(monticule de Saint-Gildas) et d'un prétendu monastère qui,
d'après lui, aurait existé autrefois au sommet de ce monticule.

Nous avons dit ce qu'avait dû être ce monticule : un tumulus d'abord et, peut-être, un poste d'observation du temps des
Romains. Vouloir y trouver autre chose, est simplement de
l'imagination et vouloir s'en servir comme autorité, c'est faire
de l'histoire sans documents et sans preuves. C'est ce qui
arrive à l'auteur de l'*Histoire de Bretagne* et c'est ce que nous
allons mettre en évidence.

§ I. — Fausse idée sur saint-gildas et ses environs

D'après notre historien « tout auprès d'elle — de la chapelle
de Saint-Gildas, — sur un mamelon très dominant, existe une
grande enceinte circulaire formée de rejets de terre considérables et de fossés de 7 mètres de profondeur ; or, on le sait,
les monastères bretons primitifs de quelque importance,
devaient toujours être comme ceux des Scots, clos d'un rem-

part de ce genre, soit que le fondateur l'élevât lui-même, soit qu'il s'établît (comme à Ruis) dans un fort barbare où un camp romain préexistant (1) ».

Pour n'être pas accusé de détourner les paroles de M. de la Borderie de leur sens véritable, nous tenons à constater immédiatement que *c'est bien au sommet* du tumulus ou du mamelon de Saint-Gildas que cet historien place son monastère : « *Les monastères bretons primitifs de quelque importance devaient toujours être clos d'un rempart de ce genre* ».

Ceux qui connaissent les lieux considèreront comme un tour de force extraordinaire de placer « un monastère de quelque importance » au sommet du tumulus de Saint-Gildas. Ce n'est rien ; M. de La Borderie leur ménage d'autres surprises : il n'hésite pas, après Mérimée, à y mettre une foire et des courses de chevaux.

Passons outre pour le moment, nous y reviendrons plus tard.

Nous nous permettons de demander à l'historien sur quels monuments historiques, sur quelles preuves il fait reposer l'existence d'un monastère à Saint-Gildas. C'est pourtant cette preuve qu'il eût fallut produire, avant de donner cette interprétation fantaisiste à Tosen-Sant-Veltas. L'argument de M. de La Borderie est de cette force suprême : il y a là une enceinte fortifiée, donc il y a eu là un monastère ; il y a eu là un monastère, donc on y rencontre nécessairement une enceinte fortifiée ; parce que de la sorte « se construisaient les monastères bretons primitifs ». C'est ingénieux cette manière de raisonner ; malheureusement un pareil argument est une pétition de principe et ne prouve absolument rien, sinon que notre historien suppose que ses lecteurs feront comme lui, c'est-à-dire qu'ils ne visiteront jamais Saint-Gildas.

(1) De La Borderie, *Histoire de Bretagne*, vol. 1, p. 440.

1° Nous dirons à M. de la Borderie qu'il ne connaît pas les lieux, autrement il n'avancerait pas une pareille impossibilité. Sa prétendue enceinte fortifiée de Saint-Gildas, quand on en aura retranché le rebord, contient simplement quelques mètres carrés de superficie. Il n'y a donc pas là un emplacement suffisant pour bâtir « un monastère de quelque importance ».

2° On ne rencontre pas non plus sur le haut de l'enceinte la moindre pierre, ni aucun vestige de construction. On ne voit pas non plus qu'on ait jamais pris des matériaux dans cet éndroit, autrement il ne serait pas aussi régulier qu'il est. Sur ses flancs ou dans les environs, on ne voit nul débris de construction. Ce monument est complet et il n'a été violé en aucune façon, ni sur sa plate-forme où il y a un creux, ni sur ses côtés. Un monument semblable existe au Moustoir et l'on s'aperçoit bien qu'on a fait une brèche à un de ses côtés. L'enlèvement de matériaux au château de Rospellem est facile à constater. Ici, rien de tout cela, et l'homme le moins intelligent nous dira que cette enceinte est vierge de tout bouleversement ; tout le monde affirmera que ce monument est resté tel qu'il avait été élevé.

3° On écrit aussi : « Tout auprès de la chapelle ». Pas aussi près qu'on l'affirme et il fallait être peu avisé pour aller se nicher sur cette hauteur, relativement loin de la chapelle et exposée à toutes les intempéries des saisons, aux vents et aux tempêtes. Car il n'y a nulle trace de végétation, excepté quelques ajoncs ou bruyères, sur cette hauteur et personne ne nous contredira, quand nous avancerons que ce lieu n'a jamais été abrité par une végétation quelconque, pourtant nécessaire pour le rendre habitable.

Si la description topographique de Saint-Gildas est peu raisonnable, l'histoire qu'on en fait est simplement absurde.

Vous écrivez, d'après Mérimée, dites vous : « Dans l'*enceinte fortifiée* de Saint-Gildas, se tient le jour du pardon, une grande foire avec des courses de chevaux ; pardon qui a toujours été, qui est encore l'un des plus fréquentés de la région ; ce dont on voit dans la chapelle un curieux témoignage — une cage immense, véritable monument à cinq étages, pour loger les poulets offerts ce jour-là à Saint Gildas. Aussi, du haut du clocher, les trésoriers de la paroisse lancent un coq vivant, qu'on abandonne à qui peut le saisir au vol. Cette assemblée se tient tous les ans, le premier dimanche de septembre, jour probable de la translation des reliques déposées jadis dans le tombeau de Saint Gildas (p. 349-350) ».

On voit que l'auteur de l'*Histoire de Bretagne* n'a jamais visité Saint-Gildas et qu'il a eu tort d'écouter Mérimée, qui probablement avait fait comme lui. Mérimée était excusable, car il ne prétendait nullement fairé de l'histoire, mais simplement conter en touriste ; pour M. de La Borderie, c'est bien différent. Aussi, sommes-nous obligé de lui dire que, mettre « dans l'enceinte fortifiée de Saint-Gildas, une grande foire avec des courses de chevaux » est simplement une énormité, un comble historique, que rien ne peut excuser de la part de M. Arthur Le Moyne de La Borderie. Tout au plus, si les lapins des environs peuvent prendre leurs ébats sur le haut de cette enceinte fortifiée.

En lisant ce passage, on se demande si M. Arthur Le Moyne de La Borderie, n'a pas eu une réminiscence des lectures de sa jeunesse, et si, emporté sur les ailes de son imagination brillante, il n'a pas voyagé, avec Gulliver, dans le pays de Lilliput où les hommes n'ont que 6 pouces de hauteur (0^{m}166); les femmes ont généralement un peu moins. Dans ce pays-là, on pourrait construire « un monastère de quelque importance » sur le tumulus de Saint-Gildas, y tenir des foires et faire des

courses de chevaux, en supposant toutefois que les bêtes aient
une taille proportionnée à celle de l'homme. Et remarquons-le
bien, c'est sur une pareille erreur locale que l'auteur va bâtir
un monastère à Saint-Gildas et trouver la preuve du tombeau
du Saint ! Il ne s'aperçoit pas d'ailleurs des erreurs qu'il débite
à la suite de Mérimée, dont il admire la description absurde de
Saint-Gildas. « La fête de Saint-Gildas se tient tous les ans le
premier dimanche de septembre » et, pourtant, ce dimanche, il
y a dans « cette enceinte, *une grande foire avec des courses
de chevaux.....* ». Où l'auteur de l'*Histoire de Bretagne*
a-t-il vu qu'on tînt des foires en Bretagne, le dimanche ? C'est
bon pour Mérimée, qui connaissait la foire des pains d'épices,
à Paris. Tout au plus vendait-on les poulets donnés au Saint.

Le critique moderne n'est pas plus exact dans les lignes
suivantes : « La chapelle de Saint-Gildas est un édifice du
XVe siècle ». D'après Gaultier du Mottay, elle appartient au XVIe.
Peut-être quelque partie de cette chapelle est de cette époque ;
mais pas la partie la plus importante qui est la tour et le clocher où vous pouvez lire, sans la moindre difficulté, 1757.

« Est-elle située sur la voie romaine de Carhaix à Coz-
Yaudet ? » Nullement ; elle est, nous le pensons, à un kilomètre de cette voie, qui, comme nous l'avons fait voir précédemment, oblique à gauche à l'Hébridou-d'an-Traou, pour
éviter le mamelon de Saint-Gildas.

Où, enfin, l'auteur a-t-il trouvé que « le premier dimanche
de septembre soit le jour probable de la translation des
reliques déposées jadis dans le tombeau de Saint-Gildas ? »
Cela demanderait des preuves et il n'y a pas la moindre.
Aucun texte dans les hagiographes, aucune mention dans les
histoires, ni dans les légendaires ; pas le moindre indice dans
la liturgie, pas un souvenir, aucune tradition chez le clergé,
ni chez le peuple. Le bon P. Albert, si crédule pourtant, ne

fournit même pas un *peut-être* à ce sujet, tandis que le *critique moderne* nous bâtit un roman sur Saint-Gildas. Voici, en effet, comment il couronne son édifice :

« De toutes ces circonstances on peut, croyons-nous, induire que le principal établissement monastique formé dans la Haute-Cornouaille par Saint Gildas fut celui de Carnoët, et que pour cette raison on y déposa les reliques du Saint, dont aujourd'hui cet antique sarcophage garde le dernier souvenir » (1).

La puissance *inductive* de M. de La Borderie pourra bien, croyons-nous, induire en erreur les étrangers, mais pas un habitant de Carnoët, ni des environs. O critique moderne, que tu es puissante pour falsifier l'histoire ! ! !

Pourquoi donc le pardon de Saint-Gildas se célèbre-t-il au mois de septembre, et que répondre à la prétendue translation des reliques de Saint Gildas à Carnoët.

L'abbé Luco, dans son histoire de Saint-Gildas-de-Rhuys, nous donne la raison pour laquelle le pardon de Saint-Gildas-de-Carnoët a lieu dans le mois de septembre.

Lorsque, au commencement du XIᵉ siècle saint Félix fut nommé abbé de Saint-Gildas et de Locminé, il comprit, comme il arrive toujours aux saints, la nécessité de fixer sa résidence dans l'un des deux monastères. « Auparavant, dit l'abbé Luco, il avait habité simultanément les monastères de Rhuys et de Locminé et ne s'était fixé en aucun. A son retour (de Fleury-sur-Loire où il s'était retiré) indécis entre l'un et l'autre, il consulta le duc Alain et l'évêque de Vannes. Ceux-ci ayant tenu conseil avec les nobles du pays et quelques évêques, donnèrent la préférence à Saint-Gildas-de-Rhuys, à cause de son ancienneté, de la fertilité du sol, de l'abondance du

____

(1) *Saint-Gildas historien des Bretons*, p. 149-150.

froment, du vin et des fruits, et du poisson que fournissait
la mer. Il fut ensuite conduit à Rhuys et solennellement installé dans son abbaye.

« Le nouvel abbé y réunit presque tous ses religieux et fit
bientôt de Saint-Gildas une communauté considérable. Alors
s'éleva la magnifique chapelle, dont le chœur et le transsept
(*sic*) Nord font encore partie de l'église actuelle.... Elle fut
consacrée solennellement, le 30 septembre 1032, par Judicaël,
évêque de Vannes, au milieu d'un grand concours de fidèles.
Depuis lors, jusqu'à la Révolution française, l'anniversaire
de cette dédicace a toujours été célébré comme une des
grandes fêtes de l'abbaye. Ce fut aussi en ce jour que saint
Félix fit faire, par les évêques présents à la cérémonie, la
translation des reliques de Saint 'Gildas. On trouva, dans le
tombeau, sous l'ancien autel, les huit gros os, la moitié du
crâne, le livre des Évangiles et le bâton du saint fondateur,
que l'abbé Daoc y avait ensevelis. Après avoir été longtemps
en vénération et un instrument de miracles dans le trésor de
l'abbaye, ce bâton a disparu, sans qu'on sache ce qu'il est
devenu. Le livre des Évangiles fut donné beaucoup plus tard
à la cathédrale de Vannes, où il n'est plus depuis longtemps ;
il partagea le sort du bâton susdit. Les ossements furent alors
déposés dans la châsse que toujours depuis on portait aux
rogations » (1).

Voilà, du moins, une raison pour mettre le pardon de
Saint-Gildas de Carnoët au mois de septembre, bien que l'on
célèbre le jour de sa mort au 29 janvier, en disant la messe à
sa chapelle. Sous ce rapport, on s'est mis d'accord avec le
culte de Saint-Gildas-de-Rhuys.

M. de La Borderie, quand il a écrit son *Histoire de Bre-*

____

(1) Luco, *Histoire de Saint-Gildas-de-Rhuys*, p. 149-150.

tagne, connaissait le livre de l'abbé Luco sur Saint-Gildas, puisqu'il en parle. Il aurait pu, par conséquent, donner le motif véritable de l'époque de cette fête, au lieu d'imaginer une raison qui n'a aucun fondement et que rien ne justifie : la prétendue translation des reliques du Saint à Carnoët ! Seulement, la vérité, en ce cas, renverserait toute sa thèse historique, et c'est pourquoi il a mieux aimé *faire de l'histoire* que de l'écrire.

Nous constatons les trois faits suivants : pas plus au xi⁰ siècle, qu'en 907, lors de la fuite de l'abbé Daoc devant les Normands, qu'au moment de la mort de Saint Gildas en 565 ou 570, on ne parle du transfert de ses reliques à Carnoët, ni même de la concession d'une partie de ses restes, à ce prétendu monastère.

§ II. — LES MONASTÈRES DE LA CORNOUAILLES ET PARTICULIÈREMENT CELUI DE SAINT-GILDAS DE CARNOET

Examinons maintenant les choses merveilleuses que, d'après M. de La Borderie, Saint Gildas à accomplies à Carnoët, avant 565 ou, au plus tard, avant 570 ; car ce sont les deux dates que l'on donne de sa mort à l'île d'Houat. C'est dans sa grande *Histoire de Bretagne* que le panégyriste du Saint parle d'évangélisation, de monastères, toutes choses inconnues jusqu'à 1896. L'auteur lui-même ne croyait pas à ces faits historiques. Ils ne les avait pas, nous le pensons, inventés il y a une quinzaine d'années.

Nous lisons dans son ouvrage *Du rôle historique des Saints de Bretagne*, p. 144 :

« Dans le pays de Vannes, le célèbre Gildas évangélisa tout le littoral depuis la presqu'île de Ruis, jusqu'au Blavet ; et plus avant dans les terres, Saint Goneri, ermite de la forêt de

Branguili (1), qui convertit à la foi chrétienne un petit chef
des environs, appelé Alvandus. »

Pas un mot, on le voit, du prétendu monastère de Saint-
Gildas de Carnoët, ni d'autres, dont nous parlerons. Mais
l'auteur écrivait en 1884.

Dans « *Saint-Gildas, l'historien des Bretons* », de la même
époque, 1884, il nous dit bien que « les moines, par leurs
vertus, surtout par leur charité, plus encore que par leurs
prédications, gagnaient à la foi chrétienne les indigènes de la
péninsule armorique, auxquels (sauf les peuples de Nantes et
de Rennes) l'évangile n'avait pas été prêché — du moins, il
n'y a nulle preuve — avant le passage des émigrés bretons sur
le continent, p. 295-296 ».

En 1884, M. de La Borderie n'avait donc pas encore inventé
son roman de Saint-Gildas de la Haute-Cornouailles. Nous
dirons plus tard, quand et pourquoi cet ennemi transcendant
des légendes chrétiennes a fabriqué cette fable.

Ce qui nous autorise à parler de la sorte, c'est le silence
absolu que garde M. l'abbé Le Mené sur ces prétendues fondations de Saint-Gildas dans la Haute-Cornouailles.

M. l'abbé Le Mené, chanoine de la cathédrale de Vannes, a
publié en 1888 une histoire très complète de ce diocèse. L'historien nous dit touchant Saint Gildas « qu'il revint de Rome
par l'Armorique et qu'il s'arrêta à l'île de Houat, en face de
la presqu'île de Rhuys. Il avait alors trente ans, suivant son
historiographe du xi⁰ siècle : ce qui nous reporte à l'année 524
(Boll. 29 janvier).

A partir de ce moment, ajoute M. Le Mené, Saint Gildas nous
appartient, et nous avons le droit et le devoir d'étudier sa vie
d'une manière plus particulière (2). De fait, il donne d'assez

(1) Ailleurs il écrit Brenguili.
(2) *Histoire du diocèse de Vannes*, t. I, p. 73-74.

longs détails sur le Saint, son séjour à Houat, à Rhuys et au Blavet (1) ; sa mort à Houat et son inhumation à Rhuys, les différentes translations de ses reliques. Mais nulle part, il ne laisse même pas soupçonner que ni Saint Gildas, ni sesenfants aient construit un monastère à Carnoët, de quelque peu d'importance qu'on le suppose. Il parle longuement des diverses translations des reliques du Saint ; mais il ne fait pas même mention *de reliques* de saint Gildas à Carnoët !

Voilà un écrivain sérieux qui nous dit que « Saint Gildas nous appartient » et qui ne dit pas un mot des œuvres extraordinaires du Saint dans la Haute-Cornouailles.

« Il y a, on le sait, deux Vies anciennes de Saint Gildas, l'une concernant exclusivement son existence *insulaire* écrite probablement au ix⁰ siècle. L'autre (*Vita Ruiensis* ou *Vita IIᵃ S. Gildæ*), qui relate principalement l'existence *armoricaine* de Gildas, a été rédigée au xiᵉ siècle avec sérieux et candeur par un moine de Ruis sur les traditions et les documents anciens de cette abbaye. Elle a été publiée par Bolland, janvier, t. II et plus complètement par Mabillon, *Acta SS. Ord. S. Benedicti sæc. I*, p. 139-147 ».

C'est M. de La Borderie lui-même qui fait cette note à la page 384 du premier volume de son *Histoire de Bretagne*. Or, ni dans la *Vie insulaire* de Saint Gildas, ni dans sa vie armoricaine, il n'est nullement parlé d'un monastère élevé par saint Gildas à Carnoët.

Quand M. l'abbé Le Mené raconte les difficultés qui s'élevèrent, lors de la mort du Saint, au sujet de son corps, il est loin de supposer qu'il existe un monastère quelconque à Saint-Gildas-de-Carnoët. Voici ses paroles :

(1) La grotte de Saint-Gildas et plus tard le monastère du Blavet, se trouvent sur le bord du Blavet, à Castennec, Morbihan.

« Le saint abbé... se déchargea du gouvernement de sa communauté et se rendit à Houat avec deux ou trois de ses religieux pour se préparer mieux encore à la mort des justes... Une nuit un ange du Seigneur lui apparut en songe et lui dit : « Écoute et comprends, ami de Jésus; Dieu a exaucé ta prière et vu tes larmes; dans huit jours, délivrés du fardeau de la chair, les yeux de ton âme verront ce que depuis ton enfance tu as toujours désiré : tu verras en effet dans sa majesté la face désirée de ton Dieu. Confirme donc tes disciples dans la crainte et l'amour Dieu... »

« Dès le matin, Gildas fit inviter ses disciples de Rhuys et d'ailleurs de venir vers lui. Quand il les vit réunis, il leur dit : « Mes enfants bien-aimés, puisque j'entre dans la voie de toute chair, il m'est avantageux de mourir pour voir Dieu. Quant à vous, soyez les imitateurs du Christ, comme ses enfants chéris, marchez dans l'amour de Dieu. . »

« Sur ces entrefaites, les religieux du monastère de la Couarde, ses anciens enfants, arrivèrent en nombre, pour assister à ses derniers moments, et dans l'intention d'emporter son corps à leur couvent. »

« Le huitième jour, le malade se fit porter dans l'oratoire, et là, ayant fait sa prière, il reçut le Viatique du corps du Seigneur. Puis, s'adressant à ses disciples : « Mes enfants, leur dit-il, je vous conjure par le Christ de ne pas vous disputer mon corps; dès que j'aurai rendu l'esprit, enlevez mon cadavre et placez-le dans une barque, la tête appuyée sur la pierre qui me sert habituellement d'oreiller. Que nul d'entre vous ne monte dans la barque, mais poussez-la au large et laissez-la aller où Dieu voudra !... »

« Son corps fut traité, après sa mort, comme il l'avait ordonné, c'est-à-dire qu'on le déposa dans une chaloupe, et qu'on l'abandonna à la merci des flots. Les religieux du

Blavet, se voyant en plus grand nombre que ceux de Rhuys, complotèrent entre eux d'enlever ce précieux trésor. Pour les punir, Dieu permit que la chaloupe s'enfonçât doucement dans la mer avec le corps du Saint. Après avoir passé plusieurs jours à parcourir les rivages voisins et à le chercher partout, ils perdirent l'espoir de le retrouver et retournèrent à leur couvent. Les religieux de Rhuys continuèrent leurs recherches pendant trois mois, mais sans succès ; alors, pour mettre le ciel dans leurs intérêts, ils s'imposèrent un jeûne de trois jours et des prières publiques, et l'un d'eux eut une révélation du lieu et du jour où le saint corps se retrouverait (1).

« Le lundi des Rogations, 11 mai 565, les moines se rendirent au lieu indiqué (Croès-ty) et y trouvèrent le corps de leur bienheureux père dans la chaloupe laissée à sec par la mer. Ils emportèrent au monastère de Rhuys le corps du Saint et il fut inhumé dans l'église de son monastère.

« Les reliques de Saint Gildas furent religieusement conservées à Rhuys jusqu'aux ravages des Normands. Nous verrons, à la date de 919, ce qu'elles devinrent alors ».

Le récit de l'abbé Luco est absolument le même et ne pouvait être autre, puisque comme M. l'abbé Le Mené, il ne fait que traduire la vie latine de Saint Gildas du XIᵉ siècle. Nous ne citerons que cette phrase : « Les religieux venus des bords du Blavet étant en grand nombre, voulaient s'emparer du précieux dépôt et l'emporter dans leur pays » (2).

Nous verrons plus loin qu'on ne peut accepter ni l'opinion de M. l'abbé Le Mené, ni celle de l'abbé Luco sur la question en litige, quoiqu'elles soient infiniment plus rationnelles que

(1) *Histoire du diocèse de Vannes*, 1 vol., p. 101-107.
(2) LUCO, *Histoire de Saint-Gildas-de-Rhuys*, p. 93-100.

celle de M. de La Borderie, qui suppose un monastère à Carnoët dont personne n'a jamais entendu parler avant ces derniers jours.

La légende ou l'opinion populaire jette-t-elle quelque lumière sur ce fait de l'invention de M. de La Borderie? Aucune. Nous avons habité Carnoët de longs mois et cela depuis 50 ans, une partie de notre famille y habite encore, mon frère y a été assez longtemps maire, et nous avons interrogé les plus anciens habitants et nous n'avons pu rien recueillir sur ce sujet.

De peur que nos souvenirs ne nous trompasssent, nous avons écrit à M. l'abbé Pinson, Recteur actuel de Carnoët, pour lui demander la tradition conservée dans la paroisse à ce sujet. Il nous a répondu que « dans le temps, il y a eu quelques petites maisons à Saint-Gildas ; une d'elles était couverte en ardoises et appartenait à un nommé Mercier qui était propriétaire des prairies avoisinantes. Qu'il y ait eu à Saint-Gildas un monastère ! ! ! Je n'ai jamais rien découvert à ce sujet ».

Vers 1848, nous avons nous-même vu debout une des maisonnettes. Actuellement tout a disparu.

Nous devons dire cependant qu'on découvre près de la chapelle et nullement dans la prétendue enceinte fortifiée de M. de La Borderie, quelques restes de murs qui sont les substructions des petites maisons dont on a parlé. Mais c'est impossible de trouver là une place suffisante pour un monastère quelconque. Nous avons décrit suffisamment les lieux pour que celui qui douterait de nos informations, puisse les vérifier.

Devant les descriptions erronées des lieux, et les absurdités qu'elles renferment, devant le manque absolu de monuments historiques, de tradition et de légendes, devant l'étonnement des habitants de Carnoët, quand on leur parle d'un monastère

à Saint-Gildas et surtout devant le manque complet d'autorités chez M. de La Borderie, nous sommes obligé de conclure
que cet historien *fait de l'histoire* en parlant de Saint-Gildas.
C'est d'ailleurs ce qu'il dit lui-même dans son avertissement
de l'*Histoire de Bretagne.*

§ III. — Comment M. de La Borderie parvient a fabriquer une nouvelle histoire de Saint Gildas.

Nous avons vu que, dans le principe, M. de La Borderie ne
donnait pas à Saint Gildas un rôle plus important que les
autres historiens. Comme l'historien du xie siècle, M. l'abbé
Le Mené et l'abbé Luco, il s'était contenté de raconter ce que
l'antiquité nous avait légué sur le grand serviteur de Dieu.
Cela ne pouvait suffire à ce prétendu critique historique, il
fallait qu'il dépassât la légende chrétienne et tombât dans
l'histoire hypothétique. C'est ce qu'il a fait dans sa *Grande
Histoire de Bretagne*, dont le premier volume a paru
en 1896.

Ici, *il fait véritablement de l'histoire* et pour cela commence
par préparer le terrain, comme nous l'avons vu, en faussant la
topographie, la géographie, en faisant une foule d'hypothèses
invraisemblables, en affirmant, en un mot, un tas de faits
qui n'ont jamais eu aucune réalité. Il ne lui reste plus qu'à
construire avec de pareils matériaux une histoire nouvelle de
Saint Gildas, il n'y manquera pas.

Voici comment il procède.

« Il y a dans la Haute-Cornouailles une région étendue formant une sorte de triangle dans laquelle abondent sous
diverses formes les souvenirs de Gildas et de ses disciples. La
base de ce triangle, regardant l'Est, s'étend de la paroisse de

Laniscat (formant l'angle Sud-Est) jusqu'à vers Quintin (l'angle
Nord-Est). La pointe dirigée vers l'Ouest est formée par la
paroisse de Carnoët, près Carhais (*sic*). A l'intérieur de ce
triangle les traces de la mission de Gildas se trouvent sous
forme de chapelles et de traditions populaires dans une dizaine
de paroisses, entre autres Bothoa, Canihuel, Lanrivain, Lan-
Hermoët, (aujourd'hui La Harmoye), Saint-Bihi, Saint-Gildas-
du-Pré, ancienne trève de Pligeau, Saint-Gildas, trève du Vieux-
Bourg-Quintin, Maël-Pestivien, etc... Les deux points où les
traces de la mission gildasienne sont les plus importantes,
c'est Laniscat et Carnoët.

A Laniscat, non seulement Gildas est le patron paroissial,
non seulement l'église est tapissée de peintures qui retracent
son histoire ; il y a de plus sur le territoire de cette paroisse
une chapelle à lui spécialement dédiée et une grotte au sujet
de laquelle la tradition raconte que le Saint, semant ses prédications dans la contrée, avait pris ce lieu pour retraite et y
passait la nuit, couché sur une pierre en formede lit qu'on
voit encore dans la grotte, à laquelle on continua jusqu'à la
fin du XVIIe siècle de faire, en l'honneur de Saint Gildas, des
processions paroissiales (1).

« Mais la principale des fondations gildasiennes dans cette
région est représentée aujourd'hui par la chapelle de Saint-
Gildas au village du même nom, à 1,500 mètres Nord-Ouest
du bourg de Carnoët. Il y a là d'abord une fort belle église du
XVe siècle de dimensions notables, bien plus remarquable que
celle de la paroisse. Cette chapelle est située près de la voie
romaine de Carhais (*sic*) au Yaudet, ce qui indique une origine très ancienne et tout auprès d'elle, sur un mamelon très
dominant, existe une grande enceinte circulaire formée de

____

(1) Voir abbé Luco, *Histoire de Saint-Gildas-de-Rhuys*, p. 63.

rejets de terre considérables et de fossés de 7 mètres de profondeur ; or, on le sait, les monastères bretons primitifs de
quelque importance devaient toujours être comme ceux des
Scots, clos d'un rempart de ce genre, soit que le fondateur
l'élevât lui-même, soit qu'il s'établît (comme à Ruis) dans un
fort barbare ou un camp romain préexistant. »

Dans ces pages hypothétiques que nous venons de citer, il
y a autant d'erreurs que de lignes.

Et d'abord « au village du même nom ». M. de La Borderie
fait probablement de l'histoire ancienne d'après Mérimée. Le
village de Saint-Gildas est ce que cet auteur a rêvé comme
reste de l'ancien monastère. Nous connaissons Saint-Gildas
depuis 1848 et nous n'y avons jamais vu de village. Peut-être
y avait-il, à cette époque, une loge, qui disparut deux ou
trois ans après. Depuis longtemps, il n'y a que la chapelle
absolument isolée. Donc, pas de village de Saint-Gildas. Et
c'est ainsi qu'on *fait* l'histoire !

« Il y a une fort belle église du xve siècle. »

Et d'abord, ce n'est pas une église ; personne, jusqu'à M. de
La Borderie, ne lui a donné ce titre ; on l'a toujours appelée la
chapelle de Saint-Gildas, *Chapel-Sant-Veltas.* La langue française elle-même n'autorise nullement à lui donner cette qua-
lification. Cette manière d'écrire, c'est fausser l'histoire et
l'auteur de l'*Histoire de Bretagne* doit avoir une raison pour
cela ; c'est de pouvoir y créer un *monastère d'une certaine
importance.*

La chapelle est-elle du xve siècle ? Une partie peut-être,
mais pas toute. Le chœur et le transept sont du xve ou du
xvie siècle. Sur cette question, nous laissons le débat entre
M. de La Borderie et M. Gaultier du Mottay. Ce dernier prétend qu'elle est du xvie. Voici ses paroles : « L'église paroissiale est dédiée à saint Pierre. Son architecture appartient au

XVIe siècle, mais est inférieure à celle de la chapelle de Saint-Gildas, *qui est de la même époque* (1) ».

Le reste de la chapelle est d'une époque bien postérieure. A partir du transept (bras de la croix), on voit qu'il y a eu reconstruction et la porte du côté n'est nullement du style ogival. On peut, sans crainte, affirmer la même chose de la base de la tour et du beau clocher qui la surmonte.

D'ailleurs, si l'auteur de l'*Histoire de Bretagne*, au lieu de *faire* de l'histoire, avait voulu venir à Saint-Gildas et voir par lui-même, il se serait épargné ces erreurs. Il aurait pu, sans difficulté, lire au-dessus de la porte principale, sur la tour :

Noël MARCHOU,   Maurice TANGUY.
Recteur de Carnoët.   FABRIQUE. 1757.

Et cela est parfaitement en rapport avec la liste des recteurs de Carnoët, dont nous avons trouvé les noms. Noël Marchou fut recteur de cette paroisse de 1737 à 1761.

Sans doute l'ancienne église paroissiale n'avait rien de bien remarquable ; cependant, comme Saint-Gildas, elle était du XVe ou XVIe siècle et du style ogival ; mais ses dimensions l'emportaient de beaucoup sur celles de la chapelle de Saint-Gildas. Quand M. de La Borderie a publié le premier volume de son *Histoire de Bretagne*, la paroisse de Carnoët possédait déjà une église magnifique, style du XIIIe siècle, qu'elle doit au dévouement intelligent de son recteur actuel, M. l'abbé Pinson.

La chapelle de Saint-Gildas, n'est pas aussi près de la voie romaine de Carhaix au Yaudet qu'on veut bien le dire ; elle en est éloignée d'un kilomètre environ. Mais serait-elle absolument sur le bord de la voie, nous demandons ce que cela

(1) GAULTIER DU MOTTAY, *Géographie des Côtes-du-Nord*, Carnoët, p. 492.

prouverait pour son antiquité. Quel rapport y a-t-il entre ces deux faits? Vraiment, il faut être à bout d'arguments pour oser émettre une pareille raison. En vérité, M. de La Borderie, *fait* de l'histoire.

Il y a une autre argumentation du membre de l'Institut que nous ne pouvons passer sous silence.

D'après lui, « les traces de la mission gildasienne se trouvent sous formes de chapelles. » On est étonné d'une pareille logique. M. de La Borderie qui nie l'existence même de saints qui ont des chapelles, auxquels on rend un culte public et autorisé par l'Église, vient nous affirmer, en ce cas, que des chapelles élevées à un saint prouvent ses missions dans une contrée. Nous le demandons : des chapelles ou des églises érigées en l'honneur d'un saint, dans une région, prouvent-elles autre chose que la dévotion des habitants envers ce saint ? Sainte-Anne a des chapelles et des églises partout en Armorique : Sainte-Anne-la-Palude à Plonévez-Porzay, Sainte-Anne d'Auray, Sainte Anne-des-Fougères, à Bulat-Pestivien et d'autres qu'il serait trop long d'énumérer... Sainte-Barbe, près du Faouët, près de Callac, au Moustoir... Saint-Michel un peu partout. . S'en suit-il que ces saints aient exercé des missions en Armorique ? Il faudrait le conclure d'après la logique de M. de La Borderie.

Vouloir soutenir de pareilles thèses est au-dessous de toute *critique*. Et l'on appelle cela de la *critique historique*. Est-ce de l'hypocritique ou de l'hypercritique ? Nous n'en savons rien ; nous savons seulement que ce n'est pas de la logique. Mais M. de La Borderie se croit-il tenu à être logique ? Nullement, comme il le prouve à chaque page de son *Histoire de Bretagne*.

§ IV. — Comment on fait de l'histoire.

Faire de l'histoire, pour M. de La Borderie, c'est bâtir un labyrinthe d'où la vérité ne puisse sortir. C'est ainsi que l'a apprécié un écrivain judicieux. Nécessairement, il devait appliquer sa méthode à Saint Gildas et c'est ce qu'il est parvenu à réaliser.

Pour envoyer Saint Gildas bâtir des monastères dans la Haute-Cornouailles et particulièrement à Carnoët, puisque les historiens n'en disent mot, il fallait chercher une apparence de raison : M. de La Borderie va la créer.

Deux faits vont lui servir de base : les moines de la Cornouailles voulurent emporter le corps du Saint après sa mort ; il y a à Carnoët un tombeau, dit tombeau de Saint-Gildas. Examinons ces deux faits.

I. *Voici comment M. de La Borderie débute dans l'histoire qu'il fabrique de Saint Gildas.*

« Le comte de Cornouaille Budic II... vit Saint Gildas développer très activement en Cornouailles ses courses, ses travaux apostoliques, ses fondations de monastères. Cette partie de la mission de ce grand homme est restée jusqu'ici très oubliée, on peut dire absolument méconnue. Raison de plus de la mettre en lumière » (1).

Et d'abord, admirons comme ce comte de Cornouaille, Budic II, arrive là, juste à point, pour « voir Saint Gildas développer très activement en Cornouailles ses courses, ses travaux apostoliques, ses fondations de monastères..... ».

Nous pensons que c'est M. de La Borderie qui a vu, en rêve,

____

(1) *Histoire de Bretagne*, par Arthur Le Moyne de La Borderie, p. 438.

cette activité extraordinaire de Saint Gildas. Il est permis de
rêver, même à un membre de l'Institut ; en cela rien de blâ-
mable. Ce qui nous paraît un peu drôle, c'est de vouloir faire
de l'histoire avec une pareille matière et de mettre un songe
comme point de départ d'une question historique, dont aucun
écrivain, tant soit peu compétent, n'a jusque-là soufflé mot.

Nous mettons au défi M. de La Borderie de nous citer une
autorité historique quelconque qui ait parlé, en connaissance
de cause, d'autres fondations faites par Saint Gildas en Armorique, que de celles d'Houat, de Rhuys, du Blavet et de Coat-
Lahen ou Coat-Lann. Aussi, M. de La Borderie est obligé
d'avouer que « cette partie de la mission de ce grand homme
est restée jusqu'ici très oubliée, on peut dire absolument in-
connue » (1).

De fait, personne n'en a parlé avant l'*Histoire de Bretagne*,
ni le P. Albert, ni les Bollandistes, ni l'abbé Le Mené, ni
même l'abbé Luco, ni aucun hagiographe. M. de La Borderie
lui-même n'osait pas avancer ce fait en 1884, comme nous
l'avons fait voir plus haut. Il prétend maintenant « mettre
cette mission méconnue en lumière ».

Cette lumière a pu briller dans l'imagination de l'auteur de
l'*Histoire de Bretagne* ; mais nous doutons beaucoup qu'elle
ait jeté quelques rayons dans l'atmosphère armoricaine. Suivons, pour le constater, les preuves mises en avant par M. de
La Borderie. Voici comment il parle :

« La vie de ce Saint (Gildas) atteste cependant l'importance
des fondations faites par lui en ce pays, car après sa mort,
en 570) (2) elle nous montre près de son corps les disciples

____

(1) *Histoire de Bretagne*, p. 438.
(2) Est-ce bien en 570 qu'est mort Saint Gildas ? Peut-être M. de La
Borderie le laisse-t-il vivre quelques années après sa mort, pour
accomplir toutes les fondations qu'il lui attribue. Nous laissons la

venus de ses maisons de Cornouaille, plus nombreux même que les moines de Ruis, et prétendant emmener avec eux, inhumer chez eux la précieuse dépouille, qui finit toutefois, on le sait, par rester sur les bords du Morbihan. Mais une telle prétention proclame hautement quelle place tenaient en Bretagne les fondations cornouaillaises de saint Gildas (1).

« Mais une telle prétention — d'enlever le corps de saint Gildas — *proclame hautement quelle place tenaient* alors en Bretagne les fondations cornouaillaises de Saint Gildas ».

Après un pareil coup de tam-tam, on s'attend à voir les fondations cornouaillaises sortir de terre et couvrir la contrée...

Non, les Armoricains trouveront encore de la place pour leurs pauvres cabanes. Seulement les phrases ronflantes du membre de l'Institut actualisent la fable de La Fontaine : *La montagne qui accouche* (2).

> Chacun crut qu'elle accoucherait.....
> D'une cité plus grosse que Paris !
> Elle accoucha d'une souris.

. . . .

discussion de ce point entre M. de La Borderie et M. l'abbé Le Mené qui s'appuie sur Mabillon :

« Saint Gildas rendit l'âme à son Créateur le 29 janvier.

« Quant à l'année de sa mort, elle n'est pas marquée par son biographe anonyme du xi⁰ siècle ; mais un renseignement qu'il donne met sur la voie. Il dit que le corps de saint Gildas fut trouvé, trois mois après sa mort, *pendant les rogations* ; d'un autre côté, la mémoire de ce jour a toujours été célébrée le *onze mai* dans le monastère de Rhuys ; donc Saint Gildas est mort l'année où les rogations tombaient le 11 mai. Or, cette coïncidence s'est présentée, d'après l'*Art de vérifier les dates*, en 554, en 565 et en 576. La première date paraît prématurée, la dernière tardive ; on peut donc s'arrêter à la seconde, 565, comme l'a fait D. Mabillon. Dans ce cas, Saint Gildas aurait eu 71 ans ». L'abbé Le Mené, *Histoire du diocèse de Vannes*, t. I, p. 166.

(1) *Histoire de Bretagne*, par de La Borderie, p. 438.

(2) *Fables de La Fontaine*, Liv. V, Fable X.

Je me figure un auteur qui dit :

> Je chanterai la guerre
> Que firent les Titans au Maître du tonnerre.
> *C'est promettre beaucoup ; mais qu'en sort-il souvent ?*
> *Du vent.*

C'est absolument le résultat qu'obtient M. Le Moyne de la Borderie. Après des recherches dans tous les cartulaires, il a cru trouver — outre Houat, Rhuys et le Blavet, — *deux fondations* cornouaillaises, remarquons-le bien, *deux seulement*, dont l'une, Coët-Lahen ou Coat-Lann était parfaitement située dans la presqu'île de Rhuys et l'autre, Saint-Gildas-de-Carnoët, qui n'a jamais existé.

Boileau dit donc trop, lorsqu'il écrit :

> La montagne en travail enfante une souris.

Nous avançons des choses bien graves contre l'auteur de l'*Histoire de Bretagne* et nous devons justifier notre affirmation. C'est ce que nous allons faire.

1° *Coët-Lahen.* — M. de La Borderie annonce ainsi les prodiges de saint Gildas dans les environs de Coët-Lahen ou Coat-Lann.

« Voici d'abord un trait de cet illustre moine qui nous le montre poussant ses courses évangéliques au fond de la Cornouailles en défendant là, comme partout, les opprimés contre les oppresseurs et les faibles contre les brigands. »

Tout est vrai dans cet alinéa, excepté « *qui nous le montre poussant ses courses évangéliques au fond de la Cornouailles* ».

Que M. de La Borderie ait eu cette vision, nous n'avons pas le droit de le contester, puisqu'il l'affirme ; mais nous pouvons lui dire qu'il est le seul à avoir ainsi vu la chose. Aucun de ceux qui se sont sérieusement occupés de la question, n'a joui du même privilège.

Quel est maintenant le trait dont il s'agit ?

Des pirates avaient établi leur repaire dans une anse de la paroisse de Saint-Démétrius et, de là, ils dévastaient toute la contrée. On pria saint Gildas de débarrasser le pays de ces voisins incommodes, ce qu'il fit. Il tua aussi un énorme serpent dans la forêt voisine et fit sourdre une source dans les environs de son petit monastère de Coët-Lahen ou Coat-Lann.

Un fait est certain, c'est que tout cela se passa chez le peuple de Saint Démétrius, *In plebe S. Demetrii* (1). Où se trouvait ce peuple de Saint Démétrius ? D'après le contexte et d'après tous les historiens, ce peuple ou cette paroisse se trouvait dans la presqu'île de Rhuys. M, de La Borderie, pour nous « *montrer Saint Gildas poussant ses courses évangéliques au fond de la Cornouailles* », découvre *le peuple de Saint Démétrius* près de la baie d'Audierne, à l'entrée du cap Sizun, c'est-à-dire vers l'extrémité Sud-Ouest de la Cornouailles. Par la vertu étymologique, il voit dans Plouzévet, le peuple de Saint Démétrius, et c'est là aussi qu'il place un monastère fondé par Saint Gildas. Or, on le sait, Plouzévet est aujourd'hui une commune du canton de Plougastel-Saint-Germain, arrondissement de Quimper (Finistère).

Était-ce nécessaire, était-ce raisonnable de transporter ainsi le monastère de Coët-Lahen ? Oui et non : Oui, pour donner une apparence de vérité à l'idée fixe de M. de La Borderie ; non, et au point de vue historique, ce n'était ni nécessaire, ni raisonnable.

M. l'abbé Le Mené, dans son *Histoire du diocèse de Vannes,* nous donne l'explication historique et raisonnable des faits dont il est parlé dans la seconde vie latine de saint Gildas.

Cédons la parole à M. l'abbé Le Mené :

____

(1) *In plebe S. Demetrii,* vit. IIᵃ, S. Gild., § 26, édit. Mab., p. 146.

« Des pirates avaient établi domicile dans une anse de la paroisse de Saint-Démétrius, entre la pointe de Penvins et celle de Pénerf. De là ils s'élançaient pour piller sur mer et sur terre. Ceux qui tombaient entre leurs mains étaient dépouillés, assommés de coups et souvent laissés pour morts. Les habitants du voisinage, ne se croyant pas assez forts pour chasser ces brigands, s'adressèrent à Saint Gildas. Celui-ci se rendit à l'entrée de l'anse, qui était assez étroite et pria le Seigneur de fermer cette embouchure. Aussitôt la mer y jeta un si énorme banc de sable, que les navires des pirates restèrent échoués... Les larrons abandonnèrent leurs barques et quittèrent pour toujours ce refuge.

« Lorsque le biographe de Saint Gildas écrivait au XIe siècle, le banc de sable obstruait encore l'embouchure de l'étang. Au XIVe siècle divers aveux, rendus au duc de Sucinio, mentionnent des terres joignant d'un bout au *vieux étang*. Mais déjà la mer rongeait la côte, et au XVIe siècle, en 1666, il fallait profiter des basses marées pour voir sur la plage une excavation assez étendue qu'on nommait encore le *vieux étang*. Aujourd'hui il n'en reste plus trace, et son emplacement doit être au loin dans la mer.

« La paroisse de Saint-Démétrius, mentionnée ci-dessus, avait son centre aux environs de Penvins et devait comprendre en outre le territoire du Tour-du-Parc. Elle a subsisté jusqu'aux ravages des Normands au Xe siècle, et a été ensuite remplacée par Sarzeau. L'emplacement de son église est aujourd'hui dans les flots. La chapelle de Notre-Dame-de-Penvins, qui lui a succédé sur le rivage, a été peu à peu isolée par la mer, et l'on a dû la reconstruire récemment à une petite distance de la côte.

« C'est sur la paroisse de Saint-Démétrius que Saint Gildas avait fondé un petit monastère appelé Coët-Lahen ou mo-

nastère du *bois, parce qu'il était dans la forêt de Rhuys ;*
il faut bien se garder de confondre ce petit monastère avec
l'abbaye de Saint-Gildas-des-Bois, située dans le diocèse de
Nantes et fondée seulement au XIᵉ siècle. Le saint Abbé, après
avoir tué un énorme serpent, qui ravageait le voisinage, et
après avoir purgé la forêt des reptiles qui l'infestaient, y avait
établi un oratoire et désigné quelques religieux pour le
desservir et cultiver les terres dépendantes. Or ceux qui
se prétendaient héritiers de ces terres accablaient souvent
d'injures les serviteurs de Dieu, qui y menaient une vie
contemplative et laborieuse ; leur reprochant de cultiver
autour de leur oratoire plus de terrain que ne leur avait
indiqué Saint Gildas.

« L'homme de Dieu se rendit sur les lieux et pria dévo-
tement le Dieu des miséricordes. Alors, s'étant levé, il traça
avec son bâton l'enclos de son monastère. Une fontaine jaillit
aussitôt du lieu où le saint avait prié et se mit à couler dans
la rigole tracée par le bâton : ce petit ruisseau servit désor-
mais de bornes à la propriété.

« Le ruisseau miraculeux se voyait encore au XIᵉ siècle et
même au XVIᵉ ; depuis il a été graduellement obstrué par la
terre. Le monastère de Coët-Lahen fut ruiné, comme tant
d'autres, par les Normands : mais au XIᵉ siècle il fut relevé,
comme prieuré, sous le nom de Saint-Pabu, à un quart de
lieue de Penvins ; il tomba en ruine vers le XVIᵉ siècle, et
aujourd'hui il n'en reste que l'emplacement (1) » .

Comme on le voit tout s'explique parfaitement, toutes les
difficultés sont prévues, les objections sont réfutées d'avance
et nul n'était besoin de transporter le monastère de Coët-
Lahen de la presqu'île de Rhuys à la baie d'Audierne.

(1) *Histoire du diocèse de Vannes,* par J.-M. Le Mené, t. I, p. 101,
102, 103.

Malgré les inductions de M. de La Borderie, nous sommes obligé de conclure avec l'histoire véritable que le monastère de Coët-Lahen ou Coat-Lann n'appartenait nullement à la Cornouailles armoricaine.

D'un coup de sa baguette magique, M. de La Borderie vient de transporter le bras de mer ou l'anse de Coët-Lahen, où se retiraient les brigands, quasi des bords de la Vilaine à la baie d'Audierne. Il a également fait faire le même voyage à un oratoire, c'est-à-dire à un monastère qui se trouvait à Coët-Lahen ou Coët-Lann. C'est certes un grand miracle qu'il vient d'opérer. Pensez-vous que ce soit tout ? Non, c'est l'œuvre de l'historien qui a une idée fixe. Le disciple de Dom Lobineau va aussi accomplir la sienne.

La vie latine du xiᵉ siècle dit : « Gildas vint jusqu'à l'embouchure de l'étang, et là il pria le Seigneur d'en fermer la communication avec la mer. Sa prière finie, un grand monceau de sable boucha cette entrée, c'est-à-dire le lieu même où les brigands tendaient leurs embûches. »

Tel est le texte donné par M. de La Borderie lui-même. Il n'y a pas à nier le miracle, ni à interpréter ces paroles. Elles sont claires et elles sont absolues. C'est bien là un miracle, accompli par saint Gildas. Ce miracle repose sur un *document écrit*. Comment parviendra-t-on à le nier ? Ne craignez pas ; les jansénistes et les annotateurs d'Ogée sont habiles. Écoutez M. de La Borderie : « Le miracle consista probablement dans le courage inspiré par Gildas aux honnêtes gens du pays qui se rebellèrent contre ces brigands et, sous sa conduite, fermèrent d'une digue leur repaire de façon à le rendre impraticable, ou bien encore, une tempête poussant dans le goulet des masses de sable, l'obstrua (1) ».

(1) *Histoire de Bretagne*, par de La Borderie, 1 vol., p. 438-439.

Tenez, c'est fait ! Le membre de l'Institut qui fait des miracles non moins extraordinaires que la translation de la maison de Nazareth, ne veut pas que Saint Gildas en fasse.

2° *Saint-Gildas-de-Carnoët.* — Il nous reste à faire voir que le monastère de Saint-Gildas-de-Carnoët est un pur mythe que l'auteur de l'histoire de Bretagne veut faire passer pour une réalité historique.

Nous avons déjà jeté un coup d'œil sur toutes les fantaisies, les hypothèses, les assertions et même les erreurs que M. Arthur Le Moyne de La Borderie, membre de l'Institut, a dû entasser autour de la chapelle de Saint-Gildas-de-Carnoët et sur la colline qui l'avoisine, pour trouver un emplacement convenable à « un monastère d'une certaine importance ».

Nous avons constaté qu'il n'a pu rien trouver et que les arguments sur lesquels il prétend s'appuyer, n'ont pas même l'ombre du bon sens.

Malgré tout, il prétend y placer un monastère et, ailleurs plusieurs autres ; car il les appelle « les monastères de Cornouailles ou les fondations cornouaillaises ». Et, comme nous l'avons aussi vu, en parlant de Coët-Lahen ou Coat-Lann, M. de La Borderie cherche des preuves dans un autre ordre d'idées. Quoique cela nous entraîne plus loin que nous n'aurions voulu, nous sommes obligé de le suivre.

Pour rendre intelligible ce que nous allons dire, nous devons rappeler ici que le P. Albert le Grand, des dominicains de Morlaix, a écrit, dans ses *Vies des Saints de Bretagne*, la vie de Saint Gildas. Là, comme généralement partout ailleurs, il a des opinions diamétralement opposées à celles de M. de La Borderie. Ainsi, il soutient et, d'après nous, le contexte de la vie latine du xi⁰ siècle lui donne absolument raison, que les moines qui voulurent enlever le corps de Saint Gildas étaient des religieux de la Cornouailles insulaire et nullement de la Cornouailles armoricaine.

C'est cette question que nous allons examiner.

Après avoir annoncé, d'un ton triomphant, les prétendues fondations cornouaillaises de saint Gildas, M. de La Borderie met en note le passage de la vie latine relatif à ce fait : *Disci-puli vero tollentes corpus ejus fecerunt sicut* (Gildas) *prœce-perat ; sed hi qui de Cornugallia erant, qui plures erant, conabantur eum tollere et in patriam suam transferre* (1) ».

Voici maintenant la traduction littérale de ce passage : « Les disciples, prenant son corps (de saint Gildas), firent ce qu'il leur avait commandé; mais ceux qui étaient venus de la Cornouailles, qui étaient plusieurs, s'efforçaient de l'enlever et de le transporter dans leur patrie. »

M. de La Borderie a bien soin d'augmenter, de travestir, en un mot, de falsifier le texte de manière à lui faire corrobo-rer son opinion. Ce qui ne doit pas étonner, car c'est sa pra-tique dans toute son *Histoire de Bretagne.* Il traduit donc : « La vie de ce Saint..... nous montre près de son corps les disciples venus de ses maisons de Cornouailles, plus nombreux même que les moines de Ruis, et prétendant emmener avec eux, inhumer chez eux la précieuse dépouille, qui finit toute-fois, on le sait, par rester sur les bords du Morbihan (2) ».

Nous sommes au moment de la mort du Saint, ne l'oublions pas. Ayant été averti la veille de son prochain trépas, il con-voque ses religieux. Nous sommes à l'île d'Houat, puisque c'est là que trépassa le Saint et que c'est là que se passèrent les scènes que racontent tous les historiens au sujet de sa mort.

Donc, il y avait là des disciples de Saint Gildas de la Cor-nouailles et ce n'est nullement le P. Albert Le Grand qui ima-gine ce fait, mais bien l'historien de la vie latine du Saint.

____

(1) DE LA BORDERIE, *Histoire de Bretagne*, t. 1, p. 438 ; *Vita II*ᵃ *S. Gildæ*, § 30 ; édit. Mabillon, p. 147. D'après Mabillon, c'était l'année 565 ; 570 selon d'autres.

(2) Id., ibid.

Mettons en face de ces paroles, le texte du P. Albert Le Grand. « Ainsi il rendit son bienheureux esprit le quatrième des Kalandes de Février qui est le vingt-neuvième janvier.

« Incontinent ils lavèrent le corps, et l'ayant revestu de ses ornements abbatiaux, le mirent dans le batteau, tout ainsi qu'il leur avait recommandé. Sur cela s'éleva une grande dispute à qui l'aurait, car les religieux qui étaient venus de la Cornouailles, le voulaient emporter, comme étant religieux originaire, né et profez de leur Monastère, monstrans le pouvoir et procure qu'ils avaient de leur Abbé de l'enlever. Ceux de Rhuys se mocquaient de cette commission, et contestaient que l'Abbé de Cornouailles eust aucune jurisdiction en cette isle, qui dépendait du Monastère de Rhuys, dont le défunt avait été Réparateur,. et en était mort Abbé ; et, partant, que le corps leur estait deu de droit et leur demeurerait. Sur cette contestation, Dieu les mict d'accord ; car comme ils ne pensaient à rien moins, le batteau où estait le saint corps coula doucement à fond, au grand estonnement des uns et des autres, lesquels s'opiniastrèrent à le chercher par les rivages pendant plusieurs jours ; mais voyant ces moynes de Cornouailles en l'isle qu'ils ne le pouvaient trouver, ils s'en retournèrent en leur païs (1) ».

Nous avons cité intégralement les paroles du P. Albert Le Grand, mettons-les en face des affirmations tranchantes de M. de La Borderie.

1° Le P. Albert Le Grand, dit simplement : « Car les religieux qui étaient venus de la Cournouailles, le voulaient emporter..... » Il ne dit pas autre chose et ne fait que traduire les paroles de la seconde vie latine de saint Gildas : *Sed hi*

____

(1) *Les Vies des Saints de la Bretagne-Armorique*, par Fr. Albert Le Grand, par Miorcec de Kerdanet, 1837. Saint-Gildas.

(discipuli illius) qui de Cornugallia venerant, qui plures erant, conabantur eum tollere, et in patriam transferre (1).

Faire dire au P. Albert Le Grand autre chose que ce qu'il dit, frise joliment la mauvaise foi et n'est plus de la critique; c'est autre chose ! Or, c'est ce que fait M. de La Borderie. Voici ses paroles : « Ces moines rivaux de ceux de Ruis, enfants comme eux, de Saint Gildas, le P. Albert Le Grand a imaginé de les faire venir de la Cornouailles anglaise. »

Le P. Albert Le Grand ne nous dit pas que ces moines rivaux *fussent enfants comme eux de saint Gildas*, c'est de votre invention, car vous aviez besoin de cela pour appuyer vos erreurs historiques. Le P. Albert Le Grand n'a imaginé rien du tout, il n'a fait que traduire la seconde vie de saint Gildas ; nous ne voyons de l'imagination que chez M. de La Borderie qui ajoute aux paroles du Père le mot « anglaise » pour pouvoir faire la note suivante : « Le P. Albert croit que c'était des religieux « du monastère de Saint-Hytdultus, en Cornouailles d'outre-mer, pays natal de Gildas ». Or, le monastère de Saint-Iltud n'était pas dans la Cornouailles, au sud de la Saverne, mais au contraire au nord de la Saverne, dans la Cambrie ; quant à Gildas, il était né non en Cornouailles, mais à l'autre bout de la Grande-Bretagne, sur les bords de la Clyde. On voit que le bon P. Albert s'est noyé dans cette géographie « d'outre-mer ». C'est vous, Monsieur, qui allez vous noyer dans la note suivante de la page 331, quand vous venez affirmer, toujours avec vos expressions sentencieuses : « Tout le monde sait que c'est l'Ellé et non le Blavet qui a toujours séparé le Vannetais de la Cornouailles. On regrette de voir M. l'abbé Luco adopter l'étrange géographie de l'historien de 1668 ».

(1) *Vita II*, cap. 31 A. SS. OSB. Sœc. I, p. 147.

Nous osons dire à l'historien de la Bretagne que c'est sa géographie qui est étrange ici, comme celle dont il s'est servi en parlant de Saint-Gildas-de-Carnoët, et nullement celle de l'historien de 1668, comme il le prétend.

Nous avons habité sur les bords de l'Ellé et à Plouguernével et personne ne démentira ce que nous allons dire. Sans doute l'Ellé est limite entre le Vannetais et la Cornouailles ; mais le Blavet ou un de ses affluents l'est aussi.

L'Ellé prend sa source à la chapelle des Anges, à l'extrémité Est de Plouray, avant d'arriver au versant du Scorff, dont un des affluents prend sa source de l'autre côté de la montagne où est la chapelle des Anges, sur la route de Gourin à Guéméné.

Mais à partir de la source de l'Ellé jusqu'à Mûr-de-Bretagne, il y a loin ; la géographie des Côtes-du-Nord (Joanne) nous dit : « Le cours du Blavet dans les Côtes-du-Nord est de 60 kilomètres. Parmi les affluents du Blavet, le *Doré* mérite une mention comme étant le ruisseau qui remplit les étangs de Glomel, notamment celui du Coron, dont les 2,770,000 mètres cubes sont une réserve pour l'alimentation du canal de Nantes à Brest ». Il y a aussi un ruisseau qui passe au bas de l'église de Saint-Michel (Glomel) venant de la direction de Trégornan et qui, dans une partie de son cours, sépare Glomel de Mellionnec, dans Trégornan et Saint-Michel. Les eaux du château de Trégarantec séparent le reste de Saint-Michel de Mellionnec. Ces ruisseaux se jettent dans le canal qui, dans cette partie, est dans le versant du Blavet. Or, Mellionnec, Lescouët, Plélauff, Perret étaient autrefois de Vannes, soit pour le civil, soit pour l'ecclésiastique, et Silfiac, Sainte-Brigitte, Cléguérec, Saint-Alban, le sont encore aujourd'hui. Et c'est le Blavet et ses affluents qui séparent toutes ces communes et ces paroisses de l'ancienne Cornouailles. C'est donc M. Arthur Le Moyne de La Borderie qui fabrique de la géographie en harmonie avec son *Histoire de Bretagne*. Ces erreurs géographiques de l'auteur de l'*Histoire de Bretagne*, permettent de douter de son infaillibilité sur bien d'autres points.

2° « Saint Gildas, ajoute-t-il, ne fonda jamais de couvent dans la Cornouailles anglaise ». Fort bien, mais le P. Albert dit-il, comme vous l'insinuez, que le Saint l'a fait ? Nullement. Il dit simplement que « les religieux qui étaient de la Cornouailles, voulaient emporter le corps du Saint, comme étant religieux originaire, né et profez de leur monastère, monstrans le pouvoir et procure qu'ils avaient de leur Abbé de l'enlever ». Il n'est pas douteux que Gildas fût originaire de la Grande-Bretagne et le P. Albert ne parle en aucune façon de saint Iltud ; il ne dit pas non plus qu'il est profès du monastère de saint Iltud, mais « de leur monastère », ce qui est indéniable ; car il était moine avant de venir en Armorique et il avait fait profession dans un monastère quelconque de la Grande-Bretagne.

En voyant la manière de procéder de M. Le Moyne de La Borderie, et de travestir la pensée du P. Albert, on est tenté de croire qu'il agit ainsi « pour se donner le malin et facile plaisir de le réfuter ». Il est sûr que la seconde vie dit que ces moines étaient venus de la Cornouailles. Mais le P. Albert ne dit pas que Gildas naquit en Cornouailles. Si l'on veut trouver le lieu de sa naissance, ce n'est point dans ce passage qu'il faut le chercher. D'après le contexte, on pourrait dire qu'il était originaire de « leur monastère », et né dans « leur monastère ». Ce qui est une absurdité. Un Anglais dirait que le *critique historique moderne* a dépensé sa poudre pour des moineaux et même pour moins, ajouterons-nous.

3° N'y a-t-il aucun moyen de concilier les difficultés que M. de La Borderie a soulevées devant tous les autres historiens, sauf le Janséniste dom Lobineau ? — Nous ne disons pas réconcilier l'histoire avec M. Arthur Le Moyne de La Borderie ; non, ce Monsieur est irréductible comme un atôme ou comme le Tout-Puissant, qui est immuable. — Ce n'est donc pas notre pensée ; nous voulons seulement faire voir au lecteur qu'il y a, en réalité, moyen de tout concilier. Essayons.

Voici le texte : *Sed hi qui de Cornugallia venerant, qui plures erant ; conebantur eum tollere et in patriam transferre* (1). « Mais ceux qui étaient venus de la Cornouailles, qui étaient plusieurs, s'efforçaient d'enlever le corps et de le porter dans leur patrie ».

Le moine de Rhuys qui, vers l'an 1030, composa la seconde vie de saint Gildas, paraît posséder fort bien la langue latine. Que signifie donc le verbe *venerant* qui est au plus-que-parfait ? Il exprime un temps passé antérieur à un autre temps qui est écoulé ; c'est-à-dire que ces moines étaient venus à l'île d'Houat ou quelque part en Armorique dans un temps bien antérieur à la mort du Saint et nullement à cette occasion. Voici d'ailleurs la preuve de ce que nous avançons, fournie par M. de La Borderie lui-même, d'après la seconde vie, publiée par Mabillon :

« Bien plus : d'après l'hagiographe de Ruis, il y a lieu de croire que là-même — à la grotte du Blavet — il écrivit la seconde partie, la plus éloquente du *De Excidio,* l'ardente invective contre les tyrans laïques et ecclésiastiques, dont les fautes, les vices, les crimes avaient causé les désastres de la nation bretonne ». Et, en note : « C'est, en effet, presque immédiatement après avoir raconté l'établissement de l'hermitage de Saint Gildas au bord du Blavet, que la Vie de Ruis dit : « *Denuo Sanctus vir, a fratribus rogatus religiosis qui ad eum e Britanniis venerant, scripsit Epistolarem libellum, in quo quinque reges ipsius insulæ redarguit :* « *Habet enim (inquit) Britannia reges sed tyrannos, judices habet sed impios* », etc. (*Vit. S. Gild.*, cap. 19, édit. Mabillon, p. 144).

« De nouveau le saint Homme, prié par des frères religieux qui étaient venus vers lui de la Bretagne, écrivit un petit livre sous forme de lettre, dans lequel il réprimande cinq rois de cette île. La Bretagne, dit-il, a des rois, mais ce sont des tyrans, elle a des juges, mais ce sont des impies ».

Quand ces moines bretons qui se trouvaient au Blavet, avec Saint Gildas, vinrent-ils de la Bretagne insulaire ? M. l'abbé Le Mené nous le dit clairement.

« Un an ou deux après la fondation de son monastère (Rhuys), saint Gildas dut retourner en Irlande, pour travailler à la restauration de la foi, des mœurs et de la discipline, qui avaient beaucoup souffert depuis la mort de saint Patrice. Il voulut revoir ensuite son pays natal et convertir de nombreux Pictes et Scots à la religion de Jésus-Christ. Puis, chargé de mérites et accompagné d'un certain nombre de religieux qu'il avait recrutés en Bretagne, il revint à Rhuys après une absence de deux ou trois ans » (1).

Il y avait donc des religieux bretons auprès de saint Gildas, longtemps avant sa mort. Ils demeuraient à Rhuys ou à Houat et peut-être au Blavet, au moment du trépas du Saint. Ce furent eux et les religieux de l'Armorique qu'il fit prévenir le matin qui suivit la nuit où il avait été averti de sa mort prochaine. Les faire arriver à Houat du jour au lendemain est une absurdité absolue, parce que c'est impossible. On peut dire la même chose des prétendus moines de Carnoët. Il y avait à Houat et à Rhuys des religieux de la Grande-Bretagne ; ils y étaient venus par affection pour Saint Gildas

____

(1) *Histoire du Diocèse de Vannes*, par M. Le Mené, t. I, p. 75.

(*fratribus religiosis*). Prévoyant la mort prochaine du Saint, ils avaient demandé à leur Abbé de la Grande-Bretagne les papiers nécessaires pour réclamer le corps de leur frère qui, ayant fait sa profession chez eux, semblait leur appartenir. Dieu décida autrement.

Comme on le voit, tout s'arrange parfaitement, et il n'y a nulle nécessité d'imaginer des monastères dans la Cornouailles armoricaine, ainsi que le fait M. de La Borderie.

D'ailleurs les inventions de M. de La Borderie conduisent à des impossibilités physiques, si l'on prend pour point de départ, comme on est obligé de le faire, la seconde vie latine de Saint Gildas.

Rappelons-nous que c'est seulement sept jours avant sa mort que Saint Gildas fait prévenir ses disciples de son prochain trépas. Ils accourent tous immédiatement. Qui ? Les moines de la communauté d'Houat, ceux de la communauté de Rhuys et probablement quelques-uns du Blavet. Les moines de la Cornouailles, dont il est parlé, étaient dans ces trois communautés auparavant, *venerant*.

  Les moines hypothétiques des prétendus monastères de la Haute-Cornouailles armoricaine, de Carnoët et de Coët-Lahen, auprès d'Audierne, avaient-ils pu se rendre à Houat dans le laps de temps que suppose la vie latine ? Non, mille fois non. M. de La Borderie oublie encore sa géographie. Carnoët se trouve en ligne droite à 130 kilomètres ou plus de l'île d'Houat.

  La route à suivre, c'est Carhaix, Gourin, le Faouët, Plouha, Hennebont, Étel, Quiberon et la traversée de là à Houat. Nous avons pris la distance, en ligne droite, sur le *Guide Joanne*. Comme alors il n'y avait ni télégraphe, ni chemin de fer, ni vélocipède, ni automobile, il a fallu faire deux fois cette route à pied pour arriver à Houat. Et les disciples de la Cornouailles étaient plus nombreux et voulaient, par force, enlever le corps

du Saint. Représentez-vous cette masse de moines, faisant un
pareil trajet en moins de trois jours !

On voit, en réalité, que M. de La Borderie, entraîné par son
idée, ne tient pas plus compte des distances que des faits historiques.

Nous pouvons conclure, à ce nouveau point de vue, que
le roman inventé au sujet des monastères de Cornouailles n'a
pas l'ombre de « vérésimilitude ».

II. *Il y a à Carnoët un tombeau dit de Saint-Gildas.*

L'argument que M. de La Borderie tire de la présence des
moines de la Cornouailles à la mort de Saint Gildas, est donc
absolument nul pour prouver l'existence de ses monastères à
Carnoët et à Coët-Lahen. Le prétendu tombeau du Saint à
Saint-Gildas-de-Carnoët n'a pas plus de valeur historique.
Nous allons le faire voir.

Nous donnons la parole à M. de La Borderie :

« Enfin, ce qui est tout à fait curieux et vraiment décisif,
c'est qu'il existe dans cette chapelle un monument qui porte,
qui a toujours porté le nom de *tombeau de Saint-Gildas* et
qui est un cercueil monolithe en granit de l'époque méro-
vingienne, long de 2^m10, large à la tête de 0^m76, lequel se
trouve enfoncé en terre à fleur du sol, dans la nef, à la hauteur de la croisée, du côté de l'Évangile. En cette auge sépulcrale actuellement vide, on couche les petits enfants malades
pour qu'ils reprennent des forces, et d'après une tradition
immémoriale, ce cercueil a contenu longtemps les restes de
Saint Gildas. Le corps de ce Saint, nous l'avons dit plus haut,
fut inhumé à Ruis ; mais les moines Cornouaillais, qui d'abord
voulaient se l'approprier, trouvèrent sans doute moyen d'en
avoir quelques ossements, soit par une concession bénévole,

soit par un de ces pieux larcins que les mœurs du temps tenaient pour œuvre pie ; on les confia à ce sarcophage encore décoré du nom de tombeau de Saint Gildas, qui nécessairement fut déposé, conservé, dans le principal monastère fondé par le Saint en Haute-Cornouailles (1).

Nous allons suivre pas à pas l'argumentation de M. de La Borderie :

1° « Ce qui est tout à fait curieux et vraiment décisif, c'est qu'il existe dans cette chapelle un monument qui porte, qui a toujours porté, le nom de tombeau de Saint-Gildas ». Décisif, pourquoi ? Absolument pour rien, sinon pour l'existence de ce monolithe. — Puisque M. de La Borderie nous dit lui-même, quelques lignes plus loin, que « le corps de Saint Gildas fut inhumé à Ruis ». Donc, il ne fut pas inhumé « dans le principal monastère de la Cornouailles, à Carnoët ».

2° « Cette auge sépulcrale actuellement vide », n'a jamais été remplie du corps de Saint Gildas, pour la même raison que ci-dessus ; il n'y a jamais été inhumé.

3° D'après une tradition immémoriale, ce cercueil a contenu longtemps les restes de Saint Gildas ». Cette tradition immémoriale, si elle existe, ne peut être que fausse, puisque les restes du Saint ont été inhumés à Ruis, d'après M. de La Borderie lui-même.

Cette tradition *immémoriale* existe-t-elle ? Pas plus que les autres erreurs que M. de La Borderie a débitées sur la chapelle de Saint-Gildas, de son monastère, de son camp retranché, etc... La tradition *immémoriale* ne dit nullement que « ce cercueil a contenu longtemps les restes du Saint ». Elle appelle simplement cette auge de pierre tombeau de Saint-Gildas, mais n'affirme rien de plus ; c'est M. de La Borderie

(1) DE LA BORDERIE, *Histoire de Bretagne*, t. I, p. 340.

qui ajoute ces paroles qui ne sont nullement dans l'esprit du peuple. Nous avons demandé à plusieurs personnes comment elles comprenaient le mot *tombeau*, si Saint Gildas avait été enterré là ? Quelques-unes nous répondirent qu'elles n'en savaient rien et d'autres qu'elles ne le pensaient pas.

4° Peut-on admettre que le tombeau ait été transporté d'ailleurs à Carnoët ? Ce n'est guère admissible, puisque personne n'en parle, et que, d'ailleurs, il n'existe aucune preuve de cette translation.

5° M. de La Borderie nous dit que « les moines cornouaillais trouvèrent, *sans doute,* moyen d'en avoir quelques ossements, soit par une concession bénévole, soit par un de ces pieux larcins que les mœurs du temps tenaient pour œuvre pie. » Quand un *homme aux documents est réduit à de pareilles raisons,* il est permis de mettre en suspicion sa bonne foi historique.

6° Soutenir qu'on a fait un sarcophage de 2^m10 de long sur 0^m76 de large est encore moins sérieux. Même au VIe siècle, on avait des reliquaires. Croira cela qui voudra, mais, en tout cas, il vaut mieux accepter les légendes du *bon* P. Albert Le Grand. Mettre un os du bras ou de la jambe dans un sépulcre de 2^m10 de long ! ! !

Lui qui se moque si ironiquement du P. Albert, tombe dans une drôlerie plus extraordinaire. C'est un peu raide pour un critique moderne. Probablement ce qui n'était pas permis à Albert Le Grand, l'est devenu à M. de La Borderie. Pas deux poids et deux mesures, s'il vous plaît.

7° Mais il y a dans la chapelle de Saint-Gildas, un tombeau dit de ce Saint. Parfaitement, et l'explication n'en est pas difficile. Cette forme de dévotion, avec les immersions dans les fontaines, a toujours existé dans l'Armorique primitive et c'est pourquoi elle fut introduite à Carnoët. Je demande à

M. de La Borderie, si saint Colomban a été inhumé à Trébrivan ou à Plounévez-Quintin ? Évidemment non, et pourtant, ce saint possède un tombeau semblable à celui de
Carnoët, à Notre-Dame-de-la-Clarté, au lieu dit Loconan, paroisse de Trébrivan, et un autre à Plounévez-Quintin. Je suis
sûr que si l'on cherchait dans nos paroisses bretonnes, on en
rencontrerait bien d'autres.

Une fontaine et parfois un tombeau étaient une forme très
commune du culte primitif de nos ancêtres armoricains.

Ce n'est qu'après avoir été baignés dans la fontaine de
Saint-Gildas, que les enfants infirmes ou qui ont de la peine
à marcher, sont placés dans le tombeau.

Ce tombeau n'est qu'une imitation de celui de Rhuys où,
en réalité, s'opérèrent un grand nombre de guérisons.

Pour augmenter la dévotion à Saint Gildas, pour y attirer
les pélerins et peut-être pour les empêcher de se rendre à
Rhuys, on imita à Carnoët ce qui existait, en réalité, dans le
diocèse de Vannes. Est-ce que Notre-Dame-de-Lourdes et
surtout ses grottes ne sont pas reproduites un peu partout ?
S'ensuit-il que la Sainte Vierge se soit manifestée dans tous
ces lieux ? Non. Nous pourrions énumérer une foule de cas
semblables.

Ce tombeau ne prouve donc rien et n'a rien de décisif en
faveur de l'existence du prétendu monastère de Carnoët et ce
prétendu monastère est loin de démontrer les missions gildasiennes dans la Cornouailles armoricaine.

III. *Histoire des reliques de Saint Gildas.*

Mais suivons un peu l'historique des reliques de Saint Gildas
tel qu'il est raconté par tous les historiens qui en ont parlé et
particulièrement le récit de M. l'abbé Le Mené et de l'abbé

Luco. Nous mettrons ainsi en évidence qu'en aucun temps, il n'est nulle part fait mention de la venue à Carnoët d'une parcelle quelconque des ossements du Saint, « soit par une concession bénévole, soit par un de ces pieux larcins que les mœurs du temps tenaient pour œuvre pie », comme le prétend M. de La Borderie.

Le corps du Saint fut inhumé à Rhuys, malgré les efforts des moines cornouaillais pour l'enlever. Tout le monde est d'accord sur ce point.

A partir de 565 ou 570, moment de la mort du Saint, jusqu'à 919, époque de l'invasion normande, il n'est nulle part parlé de la donation ou de l'enlèvement de quelques-unes de ces reliques.

Nous cédons la parole à M. l'abbé Le Ménó. « Au moment de l'invasion normande, il y avait deux monastères importants dans le diocèse de Vannes : celui de Saint-Gildas-de-Rhuys, gouverné par l'abbé Daoc, et celui de Locminé dirigé par l'abbé Taneth. Daoc, après avoir caché sous l'autel de son église, et dans le tombeau même du fondateur, huit des principaux ossements de Saint Gildas, emporta le reste de ses reliques avec les ornements du monastère et s'enfuit à Vannes avec ses moines. Là, le clergé lui confia les ossements vénérés de Saint Patern, sinon en totalité, du moins en partie. Il passa ensuite à Locminé, où l'abbé Taneth se joignit à lui avec sa communauté, et se dirigea vers le centre de la France.

« Daoc et ses compagnons d'infortune errèrent longtemps avant de trouver un établissement définitif. Il paraît qu'ils passèrent à Fleury-sur-Loire, où ils laissèrent quelques manuscrits sur leur monastère de Rhuys. Ils arrivèrent enfin, vers 933, dans le Berry. Elbon, seigneur puissant et pieux, les accueillit avec la plus grande bienveillance et les établit provisoirement dans un ermitage dédié à la Sainte Vierge

6

Marie et situé sur les bords de l'Indre, auprès de Bourg-Dieu
ou Déols (*Dolonseforum*). En 935, il commença la construction d'un grand monastère, que la mort l'empêcha de termi-
ner, mais que son fils Raoul-le-Large acheva peu après. Cette
abbaye, dédiée à Saint Sauveur et à Saint Gildas, sans doute
en souvenir de Locminé et de Rhuys, reçut, vers 940, les religieux de Saint Gildas, de Saint Patern et des autres saints
bretons.

« Le corps de Saint Gildas y demeura jusque vers 1030, où
saint Félix le rapporta à Rhuys ; aussi le Berry ne possède-t-il
plus aucune relique de ce Saint. Rentrée en possession des
dépouilles vénérées de son fondateur, l'abbaye bretonne les
conserva avec amour et, au XVᵉ siècle, plusieurs des ossements
principaux furent renfermés dans des reliquaires en argent.
L'église abbatiale de Saint-Gildas-de-Rhuys, aujourd'hui paroissiale, possède encore une partie de la tête de son patron
dans un chef en argent, un os du bras, un os d'une jambe et
un os de la cuisse dans trois reliquaires ayant la forme de ces
membres, et enfin plusieurs autres fragments de son corps
dans une châsse en argent, en forme de chapelle (1). »

M. l'abbé Le Mené qui suit avec tant de sollicitude les
reliques de Saint Gildas dans leurs pérégrinations et dans
leur exil, ne dit mot des prétendues reliques de Saint-Gildas-
de-Carnoët, ni du « monastère de grande importance », qu'il
plaît à M. de La Borderie d'y placer. Au contraire, le récit, que
nous venons de lire, suppose d'une manière absolue que les
restes mortels du Saint sont à Rhuys, puisqu'il est dit expressément « que le Berry ne possède plus aucune relique de ce
Saint ».

Il y a, nous le savons, des reliques à la chapelle de Saint-

(1) Le Mené, *Histoire du Diocèse de Vannes*, t. I, p. 203-204.

Gildas-de-Carnoët ; mais qu'on veuille bien le remarquer, ce sont des reliques de saint Venant, martyr, de Comérino, en Italie, dont la fête, dans le calendrier romain, est fixée au 25 mai.

IV. *L'état d'âme de Saint Gildas comportait-il toute l'activité qu'on lui suppose ?*

Saint Gildas a-t-il déployé, pour l'évangélisation des peuples en Armorique, cette activité extraordinaire qu'on cherche à lui attribuer ? Depuis son arrivée sur ce sol, a-t-il consacré sa vie à courir la contrée, enseignant le peuple, fondant des monastères un peu partout? Aucun de ses biographes ne nous l'a ainsi dépeint jusqu'à présent. Au contraire, tous nous le montrent comme un grand amateur de la solitude, un contemplatif. Ce n'est pas cependant qu'il ne s'occupât du salut des âmes. Pour laisser le lecteur juge de la question, nous nous contenterons de transcrire ce que dit à ce sujet l'abbé Luco.

« La vie solitaire de Saint Gildas sur le Blavet n'était pas non plus tellement profonde et exclusive, qu'il n'en sortît pour visiter souvent l'abbaye de Rhuys, dont il était toujours le premier supérieur, et pour les autres besoins de son ministère et de ses œuvres..... Ainsi, dans son trajet entre le monastère de Rhuys et sa retraite du Blavet, il devait assez souvent visiter saint Cadoc ou Cado, qui était venu se fixer non loin d'Auray, dans une île à l'embouchure de la rivière d'Étel et sur la paroisse actuelle de Belz.

« Saint Gildas dut aussi, vers cette époque, sinon plus tôt, faire le voyage de Dol, pour rendre visite à son maître Iltut, qu'on dit être venu, sur la fin de sa vie, dans cette Armorique, dont il était originaire et qu'il aimait tant, depuis surtout que ses chers disciples y avaient transporté la moitié de son âme.

« Saint Gildas sortait aussi parfois de sa retraite afin d'annoncer l'Évangile aux populations trop éloignées du Blavet pour venir elles-mêmes vers lui. Ainsi, la tradition rapporte qu'il prêchait souvent sur le territoire de la province (*sic*) (paroisse) de Laniscat en Cornouailles. Sur la fin du xviie siècle, cette paroisse allait encore en procession et en son honneur à une grotte voisine dans laquelle il se retirait pendant ses missions au pays, et où l'on voyait encore une pierre en forme de lit sur laquelle il prenait son repos de la nuit (1) ».

L'abbé Luco donc, pas plus que M. l'abbé Le Mené, ne nous dit mot des fondations de Saint Gildas dans la Cornouailles armoricaine et ne nous parle même pas de ses missions extraordinaires dans ces régions. Il prêchait au Blavet, à Rhuys et la tradition rapporte qu'il prêchait sur le territoire de la paroisse de Laniscat. C'est tout.

Il y a eu, dit-on, deux Saints Gildas, du moins on l'a cru. Peut-être est-ce de celui qui n'est pas Saint Gildas de Rhuys que M. de La Borderie a voulu nous parler, de l'insulaire que ses compatriotes nous montrent comme très actif. Saint Gildas de Rhuys était avant tout un contemplatif, un homme qui aimait la solitude et n'en sortait que quand il le fallait absolument. Tel nous le dépeignent, sans exception, ses historiens. Tel il est à Houat, tel à Rhuys, tel au Blavet.

« La retraite du Saint, dit l'abbé Luco, ne l'empêchait point d'instruire les habitants du *voisinage* qu'il exhortait à la pratique de la religion et à l'amour de Dieu. Bientôt même, comme antérieurement au monastère de Rhuys, quoique avec une influence (peut-être affluence) moindre, attirés par sa réputa-

_____

(1) Luco, *Histoire de Saint-Gildas*, p. 58-63.

tion de sainteté, les peuples accoururent à la solitude pour entendre sa parole et lui demander conseil. Les actes du martyr de Saint Bieuzy nous le montrent, après une nuit où il eut une forte fièvre, disant sa messe de grand matin et sortant aussitôt pour étancher, à la source miraculeuse, la soif qui le dévorait. Il trouve à l'entrée de son oratoire une foule considérable qui veut l'entendre parler de Dieu. Après lui avoir fait un long et vif discours, il est épuisé et à besoin de repos ; mais cette foule, désireuse de le voir et de l'entendre encore, ne s'écoule point et le supplie de continuer à lui adresser la parole. N'en pouvant plus et harcelé par les cris de ces gens, il se met en prière et demande le secours de Dieu pour le délivrer de cette extrémité. Aussitôt, au-dessus de sa tête, le rocher se fend, lui livre passage et il peut gagner le sommet, où, perdu de vue, il trouve le repos dont il a besoin » (1).

On le voit, les sorties, les excursions de Saint Gildas sont rares et de peu de durée, excepté son voyage dans la Grande-Bretagne..

V. *Dernière preuve qu'il n'y a jamais eu de monastère à Saint Gildas.*

Autant que personne, nous aurions été heureux de placer une communauté de moines gildasiens à Carnoët ; mais nous n'avons trouvé aucun écrit (monument), aucune tradition, aucun vestige qui nous autorise à affirmer un tel fait. Prenons un autre genre de preuve.

Les documents abondent pour prouver que Landugen, par exemple, dépendait autrefois de Quimperlé. Un ouvrage

(1) Luco, p. 58-59.

a été écrit sur ce sujet et l'éditeur, M. Clairet, nous avait, dans le temps, fait don d'un exemplaire.

Existe-t-il quelque chose d'analogue pour Carnoët ? Non.

L'abbé Luco, au chapitre XXI de son *Histoire de Saint-Gildas-de-Rhuys*, nous énumère, avec quelques détails, les prieurés dépendants de Saint-Gildas-de-Rhuys. « Sans remonter, dit-il, à leur origine, les titres de fondations ayant été perdus au moyen-âge déjà, on trouve ci-après sur chacun des prieurés une petite notice historique ».

« Un ancien martyrologe de l'abbaye et plusieurs listes officielles fournies, à différentes époques, par les prieurs claustraux et les religieux de Saint-Gildas, portent à vingt le nombre des prieurés dépendants de cette abbaye. Aujourd'hui, il est très difficile, pour ne pas dire impossible, de vérifier ce nombre sur d'autres documents certains... Il ne sera question ici ni des prieurés de Houat et de Hœdic, ni de celui de Saint-Pabu.

1° *Prieuré d'Ambon.* — Vocable : Saint-Cyr et Sainte-Julitte, martyrs.

2° *Prieuré d'Arz.* — Vocable : Notre-Dame (1).

3° *Prieuré d'Auray.* — Vocable : Saint-Gildas.

4° *Prieuré de Baud.* — Vocable : Notre-Dame-des-Neiges.

5° *Prieuré de Bieuzy.* — Vocable : Saint-Gildas.

6° *Prieuré du Blavet.* — Vocable : Saint-Nicolas (Paroisse de Ploumilliau).

7° *Prieuré de Bourgerel.* — Vocable : Saint-Gildas (Paroisse de Noyal-Muzillac).

8° *Prieuré de Caudan.* — Vocable : Saint-Guenhaël.

9° *Prieuré de Gavre.* — Vocable : Saint-Gildas.

10° *Prieuré de St-Guen-Lès-Vannes.* — Vocable : Saint-Guenhaël.

11° *Prieuré du Hézo.* — Vocable : Saint-Vincent.

(1) L'île d'Arz, dans le golfe du Morbihan.

12° *Prieuré de Josselin.* — Vocable : Saint-Nicolas.

13° *Prieuré de Lochrist.* — Vocable : Sainte-Croix (Paroisse d'Inzinzac).

14° *Prieuré de Locminé.* — Vocable : Saint-Sauveur (1).

15° *Prieuré de Loglenec.* — Vocable : Saint-Michel.

16° *Prieuré de Mesquer.* — Vocable : La Sainte Vierge.

17° *Prieuré de Quiberon.* — Vocable : Saint-Clément.

18° *Prieuré de Rieux.* — Vocable : Saint-Melaine.

19° *Prieuré de Taupont.* — Vocable : Saint-Nicolas.

20° *Prieuré ou Chapellenie des Saints* (sur les confins de Grand-Champ).

Telles sont les fondations que l'abbé Luco nous énumère, comme dépendances de Saint-Gildas-de-Rhuys, et nous n'y trouvons pas un mot de Saint-Gildas-de-Carnoët. Les recherches de l'abbé Luco ont pourtant été aussi sérieuses que consciencieuses ; ainsi il a soin de nous dire : « Le monastère de *Moréac* ou de Locmenech, fondé par Saint Gildas sur les confins d'une forêt, fut bien relevé de ses ruines par Saint Félix, au XI° siècle ; mais il resta toujours depuis avec le titre de prieuré.

Il examine aussi si le prieuré de Bieuzy est le prieuré de Saint-Gildas-sur-Blavet ou le monastère de la *Couarde,* bâti par Saint Gildas. On parle, en effet, d'une chapelle qui ne pouvait être que celle de la grotte du Blavet. Dans la notice sur le prieuré de Bieuzy, il est dit que ce prieuré avait « des droits sur les tenues de Gueltas ou Queltas », mais « dans la paroisse de Ploumilliau ».

De ce chef de démonstration rien ne plaide en faveur de l'abbaye de Carnoët de Cornouailles. Ce silence universel autour de ce prétendu monastère est accablant pour l'opinion de M. de La Borderie. Autant que personne, nous aurions été heureux d'adhérer à l'opinion de l'auteur de l'*Histoire de*

Bretagne. Nous aimons Carnoët, et manifester toutes ses gloires eût été pour nous une douce jouissance ; mais devant cette absence absolue de preuves, même d'opinions populaires, de légendes, de documents, et, en un mot, de tout ce qui constitue une preuve historique, nous ne craignons pas de dire que rien, absolument rien ne prouve l'existence d'un monastère à Carnoët, ni même que Saint Gildas y soit jamais venu.

Nous, nous sommes sans maître, sans école ; nous ne sommes d'aucune société dont nous subissions le joug ; la vérité seule est notre guide. Nous n'écrivons pas non plus pour défendre une théorie historique ou scientifique quelconque, mais pour la vérité.

Pour parler en vrai Armoricain, non en Celte ou en Gaulois, — car peu de gens instruits admettent encore que nous soyons des Celtes, — nous dirons avec *Salaün, le fou du bois,* que nous ne sommes « ni Blois, ni Monfort ».

Prenant pour devise ces mots des conteurs trécorois :

> Ne lavaret netra ne peuz ket gwelet,
> Ne disrevelet netra ne peuz ket klevet.

« Ne dites rien que vous n'ayez vu, ne racontez rien que vous n'ayez entendu ».

Ce que nous avons écrit, nous l'avons vu ou entendu, et nous avons mis tout le soin que demande la moindre histoire de l'historien pour contrôler ce que nous avions vu et entendu ; en un mot, nous n'avons rien négligé pour approcher d'aussi près que possible de la vérité. On ne peut nous demander autre chose et nous serons le premier à applaudir celui qui montrerait et plus de science et plus de vérité.

§ V. — Faux portrait que M de la Borderie fait de saint gildas et pourquoi ?

« Nous avons essayé de retracer, c'est M. de La Borderie qui parle, avec la sincérité de l'histoire, la grande figure de l'Historien des Bretons.

« A cet ardent ami de la vérité, ç'aurait été faire injure d'admettre dans son portrait des couleurs fausses. si brillantes qu'on les suppose. Aussi, loin de son rude sayon de peau de chèvre — la parure des moines bretons du vi^e siècle — nous avons rejeté toutes les broderies légendaires et fabuleuses, dont certains hagiographes et certains auteurs se sont plu à tapisser son image.

« Pourtant, si nous ne nous trompons, Gildas ne sort pas de nos mains trop rapetissé » (1).

Loin de là, Monsieur, vous l'avez considérablement agrandi. Et je suis persuadé qu'il doit s'étonner sur le piédestal que vous lui avez dressé. Certes, c'était une âme ardente pour le bien ; mais, comme il aime avant tout la vérité, je crains beaucoup qu'il n'accepte pas la paternité des œuvres dont il vous plaît de le charger. Et vous avez raison de dire : « Quant à sa physionomie, elle se dégage, il est vrai, de notre étude un peu différente de celle qu'on lui prête ordinairement ». Vous avouez, d'ailleurs, avec beaucoup de simplicité, que « sur ses missions en Cornouailles armoricaine, il y a eu plusieurs séries de faits fort importants, dont on chercherait vainement la trace dans toutes les Vies françaises (2) de Gildas écrites jusqu'à présent, et qui relèvent singulièrement l'étendue de son action, le caractère de son œuvre et la grandeur de son rôle.

(1) *Saint Gildas l'historien des Bretons*, p. 350 et s.
(2) Et dans toutes les Vies de Gildas, excepté dans la vôtre.

« Quant à sa physionomie, elle se dégage, il est vrai, de notre étude un peu différente de celle qu'on lui prête ordinairement » (1).

C'est très exact ce que vous dites là, Monsieur ; tellement différente qu'on ne le reconnaît pas. Vous avez changé l'idéal historique. C'est une création nouvelle que vous venez de faire ; ce n'est pas une restauration. Mais sur quoi vous basez-vous ? Quels sont les monuments que vous pouvez invoquer ? Hélas ! aucun, comme nous l'avons fait voir. Vos inductions ne peuvent supporter un examen sérieux. Vos faits ne sont nullement démontrés et n'ont pas même la valeur de certaines hypothèses. Ils ne sont pas plus exacts que vos assertions géographiques et topographiques.

Le lecteur nous demandera : pourquoi ces contes plus que hasardés ? L'auteur de l'*Histoire de Bretagne* va lui répondre. « Il en résulte, dit-il, que les missions, les fondations de Gildas embrassent toute la côte méridionale de la Bretagne et pénètrent fort avant dans l'intérieur. Si Paul Aurélien, Samson, Tudual sont les apôtres du Nord de la Bretagne, Gildas est l'apôtre du Sud ».

Pour que la thèse *bretonne ultra* —, idée qui obsède M. de La Borderie — fût complète, il fallait que Saint Gildas eût au moins un rôle égal à celui de Paul Aurélien, de Samson, de Tudual, de Brieuc, de Melaine. Il fallait prouver d'une façon quelconque que ce sont les Bretons insulaires qui ont peuplé, cultivé, évangélisé l'Armorique ; il fallait, en un mot, montrer qu'avant eux, Castel-Pol, « ville ruinée, n'avait plus pour habitants qu'une laie, un essaim d'abeilles, un buffe et un ours ». (2).

1) M. DE LA BORDERIE, *Histoire de Bretagne*, 1 vol., p. 441.
(2) D'après M. Loth, cité par M. de La Borderie.

CHAPITRE X

Bataille de Saint-Gildas

Les annales de Carnoët nous apprennent que ce n'est pas sans raison que les habitants de cette commune, comme les autres Armoricains, détestent cordialement les Anglais, *ar Sauzon milliguet*, les Saxons maudits. M. Jollivet, dans son *Histoire des communes des Côtes-du-Nord*, écrit « qu'en 1197, Richard, roi d'Angleterre, entre en Bretagne à la tête d'une armée nombreuse et met à feu et à sang toutes les places qui tentent de lui opposer quelque résistance. Les lieux les plus écartés et les cavernes les plus sombres, dit Dom Morice, ne purent dérober à sa fureur ceux qui y étaient cachés. Il employa le fer, le feu et la fumée pour les faire périr, et ces barbares expéditions ne furent pas même interrompues pendant les jours que l'Église consacre à la mémoire de la passion du Sauveur. »

« Mais une défaite terrible l'attendait, non loin de Carhaix, près de la chapelle de Saint-Gildas, sur le territoire de la commune de Carnoët. En effet, les vicomtes de Rohan, de Léon, de Vitré, de Fougères, de Dol, de Monfort, de Lohéac et du Faou, chefs de la ligue ayant pour but de délivrer la duchesse Constance, prisonnière au château de Beuvron, arment à la hâte les habitants de la Cornouailles, de Tréguier, de Vannes, et viennent livrer bataille aux Anglais, à l'endroit que nous venons d'indiquer. Ceux-ci furent complètement défaits et Richard lui-même ne dut son salut qu'à l'obscurité de la nuit qui cacha sa fuite aux Bretons.

« Cette victoire causa au roi d'Angleterre une humiliation profonde, mais elle ne fit qu'accroître son mauvais vouloir envers Arthur, qu'il fallut mettre sous la protection de Philippe, roi de France » (1).

L'abbé Onfroy-Kermoalquin. dans ses *Études sur les Villes de Bretagne*, sans nommer Saint-Gildas, nous parle de la même bataille.

« Le comte Henry de Guingamp, dit-il, parvint à un grand âge et ne mourut qu'en 1190. Son second fils, Allain, lui succéda dans les comtés de Penthièvre, Goëllo, Guingamp, etc.

« Allain fut un de ceux qui, le jour de l'Assomption 1196, firent serment de fidélité au jeune Arthur de Bretagne, à Saint-Malo-de-Beignon, et qui s'opposèrent à Richard, prétendant à la tutelle de son neveu. Il commandait les Guingampais dans l'expédition des seigneurs bretons contre les Cottereaux, brigands épouvantables, scélérats atroces, déchaînés par le roi d'Angleterre contre l'Armorique qu'ils pillaient et mettaient partout à feu et à sang. La ligue des Bretons mit ces cruels ennemis en fuite, près de Carhaix (2) ».

Ce Richard, roi d'Angleterre, est le célèbre Richard I, appelé Cœur de Lion, à cause de sa bravoure extraordinaire et de son courage indomptable : le héros de la troisième croisade, en un mot. Partout et dans toutes les circonstances, il manifeste sa présence par des prodiges. Son historien ne sait quelles expressions employer pour rendre la surprise que cause à la cavalerie musulmane un spectacle si nouveau. Au seul aspect de Richard, les plus braves frémissaient, et leurs

____

(1) JOLLIVET, Guingamp, *Carnoët*, p. 357-358.
(2) *Études sur les Villes de Bretagne*, p. 31.

cheveux se hérissaient sur leurs fronts. Un émir, qui se distinguait par sa taille et l'éclat de ses armes, ose le défier au combat ; d'un seul coup Richard lui abat la tête, l'épaule droite et le bras droit. Au fort de la mêlée l'intrépide comte de Leicester et plusieurs de ses valeureux compagnons allaient succomber, accablés sous le nombre ; mais Richard, toujours invincible, toujours invulnérable, les sauva du péril, en renversant autour d'eux la foule des musulmans ; enfin, il se précipite avec tant d'ardeur dans les rangs ennemis que personne ne peut le suivre et qu'il disparaît aux yeux de tous ses guerriers.....

« Lorsque, après le combat, Saladin reprochait à ses émirs d'avoir fui devant un seul homme : « Personne, répondit un d'entre eux, ne peut supporter les coups qu'il porte ; son impétuosité est terrible, sa rencontre est mortelle, et ses actions sont au-dessus de la nature humaine » (1).

C'est ce preux, toujours invincible, terreur des musulmans et de tous ses ennemis, que les Bretons armoricains mirent en déroute à Saint-Gildas en Carnoët. Plusieurs milliers d'Anglais restèrent sur le champ de bataille et Richard lui-même ne dut son salut qu'aux ténèbres de la nuit.

Ce fut là le commencement des revers de Richard Cœur de Lion ; là, son étoile pâlit pour la première fois, et moins de deux ans après, en 1199, il fut tué au siège du château de Châlus.

Quand on connaît bien le terrain, il est facile de se représenter cette terrible bataille.

Richard devait occuper Carhaix et ses environs, jusqu'à Saint-Gildas. Les seigneurs bretons venaient à sa rencontre de la direction de Morlaix, de Guingamp, de Quintin, de Ros-

____

(1) ROHRBACHER, *Histoire Universelle*, 7ᵉ édition, de 1181-1189, p. 662.

trenen ou, en se resserrant, de la direction de Duault, de Callac, de Plougonver, par la Chapelle-Neuve, Calanhel, Plourac'h et probablement de Saint-Cado et peut-être de Coat-Fréau. Les différents corps durent se réunir dans les landes de Landerc, occupant l'Est et le Nord des hauteurs de Saint-Gildas où les Anglais avaient dû prendre position. Leur situation était beaucoup plus avantageuse que celle des Bretons. Ceux-ci cependant parvinrent à chasser les Anglais des hauteurs de Saint-Gildas et à leur couper la voie romaine dans la direction de Carhaix, soit que les Anglais aient été violemment précipités dans la direction de l'Est et du Sud de la hauteur de Saint-Gildas, soit que, voyant la voie romaine coupée dans la direction de Carhaix, ils aient voulu gagner le bourg de Carnoët, Le Reste, Guersauzic, pour arriver au chemin conduisant du bourg à Carhaix. Toujours est-il qu'ils durent tomber dans les fondrières qui, depuis la fontaine de Saint-Gildas, contournent toute cette partie de la montagne jusqu'à Quinquis-Herniou. Ces fondrières et ces bourbiers existent encore aujourd'hui.

Les Anglais devaient occuper Guersauzic, qui signifie le village du Petit-Saxon.

On nous a dit, mais nous n'avons pu vérifier le fait, qu'aux environs de l'Hébridou, il y avait une pièce de terre nommée *Parc-ar-Veret,* le Champ du Cimetière. Comme il n'y a jamais eu, en cet endroit, ce que nous appelons aujourd'hui un cimetière, ce nom ne peut se justifier qu'en admettant que là furent inhumés les corps de ceux qui périrent dans cette sanglante bataille.

CHAPITRE XI

Carnoët, du XIIIe siècle jusqu'à la Révolution

On possède, croyons-nous, peu de chose sur l'histoire générale de Carnoët, durant ce laps de temps. Peut-être pourrait-on arriver à déterminer la présence de certaines familles dans le pays; mais, en cela, on n'arriverait à rien de marquant.

« En 1300, dit Ogée, la Seigneurie de Carnoët appartenait à Étienne Riou, seigneur châtelain de Carnoët ». De là, pensons-nous, doit venir le nom de Ker Riou, village au Sud-Est du bourg. C'est là, évidemment, que résidait le seigneur de Carnoët. D'ailleurs, la position est belle et l'on s'aperçoit que la maison a la forme d'une gentilhommière. C'était la famille Le Coq qui possédait ces terres en 1848 et plus tard; actuellement, ce sont des héritiers, par les femmes, de cette famille.

Autrefois la forêt de Coat-Fréau dépendait de Carnoët, tandis qu'aujourd'hui elle est de la commune de Poullaouen. En effet, en 1515, le roi François Ier, par ordonnance donnée à Arques (Arques-la-Bataille) le 12 août, touchant les eaux et forêts chasses et pêches, chargea les riverains de la forêt de Fréau ou de Carnoët, de veiller à ce qu'il n'y fût fait aucun larcin pendant la nuit, avec obligation de faire leurs rapports aux sergents et maîtres particuliers de tous les vols qu'on y pouvait faire, sous peine d'en répondre en leur propre et privé nom. L'ordonnance portait que, pour plus grande sûreté, il paraissait à propos de fermer cette forêt ».

Ce dernier désir du roi ne se réalisa pas, tandis qu'à
Duault la chose eut véritablement lieu. Coat-Fréau, par le
mariage de notre duchesse Anne, passa à la couronne de
France. Aujourd'hui ce bois appartient encore à l'État, tandis
que Coat-Parc-Duault a été vendu déjà plusieurs fois.

La guerre de la Ligue (1576-1593) qui aurait pu laisser
l'Armorique en paix, y eut un cruel retentissement. On connaît les barbaries d'Eder de Fontenelle. Carnoët ne fut pas
épargné.

Le monstre à face humaine, dont nous avons prononcé le
nom, Eder de Fontenelle, bandit féroce et voluptueux, qui, du
temps de la Ligue, au nom de la religion (1), et comme représentant des Guises, dévasta la Bretagne, brûlant tout sur son
passage, anéantissant Pen-Marc, dont les églises en ruines sont
là pour témoigner contre lui, suppliciant les hommes, désho-
norant les jeunes filles et les femmes mariées, les maltrai-
trant, quand elles lui faisaient résistance. Il parcourut toute la
Basse-Bretagne, laissant partout des traces de ses cruautés et
de ses infamies. S'étant emparé de Carhaix, il dévasta toute
la Haute-Cornouailles. De Carhaix, il rayonnait dans les cam-
pagnes environnantes. On dit qu'il avait établi une espèce de
quartier général au château de Rospellem, qui est dans le voisinage de Coat-Fréau. C'était une station intermédiaire entre
Carhaix et les environs de Lannion, Plouaret, Plouhezre... où

____

(1) Qu'on ne se trompe pas sur notre pensée; le but apparent de la
Ligue était de défendre la religion contre les calvinistes, mais le but
réel était de renverser Henri III et de placer sur le trône les Guises,
chefs des ligueurs. Cette association de fourbes méritait bien d'avoir
pour chef, en Bretagne, un Eder de Fontenelle.

La pauvre Bretagne, à cause de sa loyauté et de sa générosité, a toujours été la victime de tous les tartuffes, à quelque parti qu'ils appar-
tinssent.

Fontenelle s'était emparé du château-fort de Coatfrech et de quelques autres places (1).

Quand fut construit le château-fort de Rospellem et à quelle époque fut-il détruit ? Il nous serait impossible de le dire, n'ayant pu, malgré nos recherches, nous procurer quelques renseignements à ce sujet. On peut cependant présumer que sa destruction date du temps de Richelieu qui, vainqueur de la féodalité, fit démolir toutes les places fortes qui lui appartenaient. Comme les Rohan avaient fait une grande résistance, leurs châteaux furent démantelés ou rasés. Alors (1625 à 1640) tombèrent les châteaux de Rohan, de Guéméné, du Dréhor, en Priziac, de Trobodec, en Gurunhuel, de Tonquédec (2), et beaucoup d'autres places fortes en Bretagne.

Lesquern est un village de Carnoët, sur la lisière de Coat-Fréau, un peu plus éloigné de Saint-Gildas que Quénéquillec. Cette propriété appartient aujourd'hui à un membre de la famille de Ker Autem, dont le fermier est F. Coulouarn. Ayant appris qu'il y avait là des ruines, nous nous y sommes rendu. F. Coulouarn nous donna tous les renseignements que nous pouvions désirer. Il y a, en réalité, à Lesquern des restes de vieux murs, qui supposent d'anciennes constructions d'une assez grande importance. Il n'existe plus aujourd'hui que les substructions couvertes de ronces, d'épines noires, d'ajoncs et de fougères. Il est assez difficile de les aborder. Cependant, la forme des bâtiments pourrait absolument être déter-

---

(1) Pendant la Ligue, le trop célèbre Fontenelle surprit le château de Coatfrech, que gardait alors une garnison royale : Benjamin Jollivet, *Les Côtes-du-Nord*, t. I, Ploubezre.

(2) En 1622, le château de Tonquédec était encore en assez bon état pour tenir garnison ; Mais Richelieu qui voulait en finir avec les souvenirs mêmes de la féodalité, fit abattre, à peu près à cette époque, et cette fois pour toujours, les fortifications de Tonquédec. *Les Côtes-du-Nord*, t. IV, Tonquédec, par Benjamin Jollivet.

minée. Selon nous, ce ne sont pas les murs qui font supposer l'importance de Lesquern, mais les fossés (douves) qui entourent ces constructions. Ces fossés sont partout parfaitement visibles et, d'un côté, encore assez profonds. F. Coulouarn nous dit que c'est lui qui, depuis deux ans, a travaillé au nivellement de cette pièce de terre, afin d'en tirer quelque profit, vu que c'est auprès de la maison de ferme. Son travail de nivellement n'a pas cependant enlevé son cachet primitif à Lesquern. La première impression que l'on éprouve, c'est qu'on est en face d'une espèce d'enceinte fortifiée.

Qu'était, dans le temps, ce petit fort ? De quelle époque date-t-il ? Dans quel but fut-il construit ? Ces questions et une foule d'autres se pressent dans l'esprit. Nous n'osons rien conjecturer à ce sujet. Nous inclinons néanmoins à croire que ces constructions ne remontent pas au-delà du moyen--âge. D'après F. Coulouarn, il y avait encore d'autres constructions dans les environs, et il nous a montré l'emplacement d'une maison (1).

Nous ne faisons qu'avertir ceux qui sont à la recherche de monuments, afin de lire un peu dans le passé. Ordinairement, ils ont à leur disposition les moyens nécessaires pour faire des études sérieuses.

Nous nous sommes aussi demandé, s'il n'y avait pas eu à Lesquern un tumulus. Le mot Lesquern signifie lieu des ossements, *lec* ou *lec'h*, lieu et *kern* pluriel de *karn* (es kern) ossements, ou *lez*, auprès, et *kern*, ossements, auprès des *kern* ou *carns*. Tel est l'étymologie de ce nom.

---

(1) Entre Lesquern et le bourg de Plourac'h, près de Ker Varziou, il y a un camp retranché remarquable et fort bien conservé. On l'appelle Castel-Poder, probablement *Castel-Poher*. C'est un carré long de 70^m sur 55, nous écrit M. l'abbé Guillou. Nous avons visité nous-même ce camp.

Des fouilles sérieuses pourraient peut-être éclairer le mystère qui entoure Lesquern !

Nous ignorons également à quelle date remontait la gentilhommière de Ker an Draou. C'est aujourd'hui une simple ferme, appartenant à M. le marquis de Kerouartz. La porte de l'ancienne chapelle du château est entrée dans les nouvelles constructions. Il y avait une allée magnifique qui allait, en ligne droite, du bourg de Carnoët à Ker an Draou. Il est à supposer que ces biens, comme ceux de Plougonver, de Bulat, etc., viennent de la succession du marquis du Gage, dont la seule héritière, la belle Marguerite du Gage, se maria à un marquis de Kerouartz. Les bardes bretons célébrèrent à l'envie la beauté et les qualités aimables, plus encore que les grandes richesses, de Mᵉˡˡᵉ du Gage. Dans nos jeunes années nous avons entendu ces chants, empreints d'un grand respect et d'une grande sympathie pour la jeune marquise.

Ker Autem est peut-être la demeure d'origine de la famille Marchou de Ker Autem dont un des descendants en est encore propriétaire. Nous trouvons, en effet, un Noël Marchou, recteur de Carnoët de 1737 à 1761 et dont le nom est inscrit comme fondateur, sur le clocher de la chapelle de Saint-Gildas.

L'ancienne habitation de Ker Hayet paraît avoir joui jadis d'un certain prestige, ainsi que l'indiquent ses constructions.

Guersauzic ou Ker Sauzic semble annoncer la résidence d'un Anglais quelconque qui habita ce lieu du temps des occupations anglaises. L'avenue qui va de la route jusqu'aux maisons, ne manque pas de grandeur.

On rencontre aussi, à Coat-Cléden, l'emplacement et même les fondations d'une gentilhommière ou peut-être d'un château-fort, mais sur lequel nous n'avons aucune donnée.

Guerveur devait être également une gentilhommière. On y

voit des dispositions qui dénoncent des constructions plus considérables.

M. Jollivet, sans doute d'après Ogée, nomme « les châteaux de Langle et de Keréven-Craon comme faisant partie de Carnoët. Aujourd'hui ce ne sont que des ruines ; ils appartenaient, en 1780, le premier à M. Fleuriot de Langle, le second à M. de Kermaria. Langle avait haute, moyenne et basse justice ; Keréven, moyenne et basse justice seulement (1).

Il mentionne encore Ker Jégu et le château de Gourlan, situé sur le bord de la forêt de Coat-Fréau. Tous ces lieux, excepté Langle-Lézer, sont aujourd'hui dans Pouillaouen ; mais appartenaient autrefois à Carnoët, puisque Coat-Fréau lui-même en dépendait, comme nous l'avons vu, au commencement de ce paragraphe.

Par château de Keréven, faut-il entendre le manoir de Ty-Meur, qui est auprès du village de Keréven ? Nous ne saurions préciser ce point. Nous ferons remarquer que le manoir de Ty-Meur a dû être la résidence de la famille de Grandmaison (2), dont nous avons connu les descendants et dont quelques-uns doivent encore habiter Carnoët ou Poullaouen.

(1) C'est probablement à cause de ces tribunaux qu'il y avait à Carnoët un huissier qui demeurait à Saint-Gildas,

(2) Ty-Meur, *ty*, maison, et *meur*, grande, par conséquent Grandmaison.

CHAPITRE XII

Minerais de plomb et de cuivre à Carnoët

C'est un fait généralement connu que Carnoët possède des filons de plomb argentifère et un filon de cuivre. Voici comment en parle Eugène de Fourcy dans sa carte géologique des Côtes-du-Nord.

« La concession de Poullaouen s'étend à la fois sur le département du Finistère et sur celui des Côtes-du-Nord. A la vérité, l'exploitation n'embrasse aujourd'hui que les gites de Poullaouen et d'Huelgoët dans le Finistère ; mais il y eut un temps où ceux de Carnoët et de Plusquellec, dans les Côtes-du-Nord, furent l'objet de quelques travaux.

« Le gite de plomb de Carnoët est situé, dans la commune de ce nom, à l'Est et à 2,000 mètres de l'église (1). Le filon principal traverse, comme ceux de Poullaouen et d'Huelgoët, le terrain de grauwacke schisteuse. Il est dirigé Nord-Ouest, Sud-Est, et plonge de 75° au couchant. Sa puissance est de 0^{m}18 à 0^{m}22. Il n'a fourni de minerai qu'accidentellement et par rognons. La galène était à grandes facettes, rendant de 60 à 66 p. 100 de plomb et tenait de 2 à 3 onces (2) d'argent

---

(1) La distance de 2,000 mètres est vraie pour La Villeneuve et pour Ker Hayet ; mais nullement pour Ker Lastr et pour le puits qui se trouve dans une pièce de terre située vis-à-vis de la rencontre de l'ancienne route du bourg au Pénity et de sa rectification.

(2) 1 once = 30^{gr}59 ; 2 onces = 30^{gr}59 × 2 = 61^{gr}18 ; 3 onces = 91^{gr}77.

au quintal, ce qui correspond à une teneur de 0,0015. Elle se trouvait associée à une grande quantité de blende (1), dans une gangue schisteuse, traversée de quartz carié (2) et parsemée çà et là de nodules calcaires.

« Suivant la tradition, la mine de Carnoët fut trouvée en 1711, par une compagnie anglaise dont les principaux intéressés étaient au service de Jacques II. Elle l'abandonna au bout de 4 à 5 années de travaux. En 1729, le 17 août, elle fut comprise dans la concession des mines de Poullaouen, accordée pour 30 ans au sieur de La Bazinière par le duc de Bourbon, alors grand maître des mines de France. En 1730, la concession passa dans les mains d'une compagnie de Paris, connue depuis sous le nom de Compagnie de Poullaouen et d'Huelgoët. Cette dernière commença en 1740 des travaux qu'elle fit ensuite presque aussitôt suspendre. Elle les rouvrit plus tard à diverses reprises, mais les dépenses qu'entraînait un épuisement incessant opéré à bras d'hommes, les lui firent chaque fois promptement abandonner. Enfin, après avoir percé une galerie d'écoulement, et installé une roue hydraulique de 6 mètres de diamètre, la compagnie rentra en 1776 dans les premiers travaux, et les continua sans interruption jusqu'au commencement de 1780. L'exploitation avait, dans cette dernière période, atteint une profondeur de 123 mètres. Le puits était placé à mi-côté de la montagne, mais il avait été impossible d'y maîtriser les eaux, qui s'y élevaient jusqu'à l'orifice de la galerie d'écoulement. Les dépenses de cette exploitation de quatre années montèrent à plus de 60,000 livres et l'on en avait à peine retiré 60,000 livres

----

(1) Blende ou sulfure de zinc.

(2) Il y a aussi du quartz cloisonné, dont l'intérieur est tapissé d'argent ; on ne s'est pas donné la peine de s'occuper de ces quartz.

de minerai prêt à fondre. En 1780, les travaux furent définitivement abandonnés (1).

« Le 16 ventôse, an II (avril 1792), les mines de Carnoët et de Plusquellec, dont nous avons parlé en note, furent, comme le reste de la concession de Poullaouen, mises sous la main de la Nation par le représentant du peuple Jean-Bon-Saint-André. Rendues depuis à leurs légitimes propriétaires, elles n'ont point été rouvertes et ne le seront vraisemblablement jamais ».

On parle de nouveau de les rouvrir et ce serait à désirer. La cause qui les a fait abandonner, c'est, nous l'avons vu, une trop abondante quantité d'eau et le peu de moyens d'épuisement, en sorte que ces mines n'ont été exploitées que d'une manière insuffisante, incomplète et l'on peut présumer que la meilleure partie du minerai y est restée. Aujourd'hui, les moyens d'épuisement ne sauraient faire défaut. Nous sommes persuadé que l'on obtiendrait des résultats fort rémunérateurs.

« Le filon de Quénécan, ajoute de Fourcy, fournissait du minerai de cuivre. Il est compris, comme ceux de Carnoët et de Plusquellec, dans la concession de Poullaouen. Il est situé un peu au Sud de Carnoët ; sa direction court à peu près de l'Est à l'Ouest, les grauwackes schisteuses, au milieu des-

(1) L'histoire de la mine de Plusquellec est à peu près la même que celle de Carnoët. Le filon est situé près de l'étang et non loin de l'ancienne chapelle de Saint-Symphorien, à 3,200 mètres au Nord du filon de Carnoët, auquel il est très sensiblement parallèle. Le minerai qu'on extrayait était aussi une galène à grandes facettes. La Compagnie de Poullaouen en extrayait, dit-on, en 1741, jusqu'à 123,169 livres de plomb. Délaissée en 1745, la mine fut reprise en 1755 par König. Une troisième tentative d'exploitation eut lieu en 1773 ; mais les dépenses de l'épuisement provoquèrent bientôt un nouvel et dernier abandon des travaux.

quelles il est intercalé, sont dirigées E. 7° S.-O. 7° N. entre
Carnoët et Quénécan, tandis que les couches de la montagne
même de Quénécan sont orientées N. 60° E.-S. 60° O. La contrée est d'ailleurs toute bouleversée par les roches amphibo-
liques (1) ».

« La première tentative dont ce filon ait été l'objet remonte
à l'année 1762. La recherche fut ouverte au pied de la montagne sur laquelle est bâti le village de Quénécan. Une des
galeries dont l'orifice est encore visible, était dirigée N. 20° E.
L'abondance des eaux et la pauvreté du gîte amenèrent
l'abandon des travaux ».

Quand nous sommes allé visiter les ruines de Lesquern,
nous avons été fort surpris d'y trouver du minerai de cuivre.
Rien ne l'annonce à l'extérieur du sol. Ces temps derniers, F. Coulouarn a creusé un puits, non loin de sa maison,
auprès des ruines. Sans descendre à une grande profondeur,
12 ou 13 mètres, nous a-t-il dit, il a rencontré un changement
complet du terrain. En examinant les terres qu'il a extraites,
nous avons facilement reconnu leur nature et nous pensons
que c'est du minerai de cuivre.

Les caractères de la *pyrite cuivreuse, chalkopyrite* sont :
jaune verdâtre, souvent irisée de reflets bleus, pourpres, etc.
Or, ce sont les nuances que présente le minerai de Lesquern.
Peut-être y a-t-il un peu de plomb. Jusqu'à quel point cette
veine serait-elle exploitable ? Il faudrait soumettre ce minerai
à l'analyse, pour le dire.

Y a-t-il de la topaze ? Certains cristaux à éclat vitreux, très
vif, à couleurs : jaune roussâtre, jonquille, jaune caractéristique, appelé jaune de topaze, sembleraient le dire.

(1) Nous pensons que la description par de Fourcy laisse à désirer sur
plusieurs points et surtout sur la nature du terrain.

CHAPITRE XIII

Monuments religieux et histoire religieuse.

Nous l'avons vu, l'histoire civile et politique de Carnoët, à partir du xiv° siècle, est peu connue; il en est de même de son histoire religieuse. Presque tous les documents ont disparu.

I. *Monuments religieux.*

L'église paroissiale a toujours été dans l'endroit qu'occupe aujourd'hui la nouvelle église, construite, grâce aux soins actifs et intelligents de M. l'abbé Pinson, recteur actuel de Carnoët. Les contradictions ne lui ont point manqué; mais sa persévérance a triomphé de tous les obstacles.

A Saint-Corentin, il y avait, avant la Révolution, un desservant résidant et l'ancien presbytère existe encore ; c'était une trève.

Outre Saint-Gildas, dont nous avons assez parlé, la chapelle du Pénity, située sur le bord de l'Aven ou Hière, a toujours été le lieu d'un pèlerinage très fréquenté et un foyer de dévotion, non seulement pour Carnoët, mais pour les paroisses environnantes. Cette chapelle est dédiée à la Sainte Vierge et la fête principale ou le pardon a lieu le 15 août. Mais, aux principales fêtes de la Sainte Vierge, on y chante la messe et, le mercredi de chaque semaine, les prêtres de la paroisse y vont dire des messes de dévotion.

Quand et à quelle occasion cette chapelle fut-elle construite?
Il n'y a, à ce sujet, ni document, ni tradition, ni légende.

Si l'on tient compte de l'étymologie, il a dû exister en cet
endroit un ermitage où quelqu'un s'était retiré pour faire
pénitence : c'est ce que signifie le mot *penity* ou *pinity* qui a
pour racines les deux mots *poan*, *poen*, peine, pénitence et *ty*,
maison; maison de pénitence. Troude, dans son dictionnaire
breton, nous donne *penet*, pénitence, *bezaff e penet*, faire
pénitence. Il a soin de noter que ce mot est ancien. Grégoire,
de Rostrenen, donne la même étymologie et la même significa-
tion. « Ce mot, dit-il, qui est composé de *pinigenn* et de *ty*,
est très ancien dans la langue bretonne, et *de là* penity Sant
Guido, penity Sant Goeznou... et plusieurs autres ».

A Bourbriac il y a aussi une chapelle qui porte le nom de
Pinity ou Penity et dont l'histoire nous donne l'origine et la
raison d'être.

Nous lisons dans les *Côtes-du-Nord*, par Jollivet : « Quant
à Saint-Briac, épuisé de fatigues, et désirant d'ailleurs mener
une vie complètement retirée, il confia le soin de son monastère au prieur, et alla s'enfermer dans un petit ermitage
voisin, que l'on nomma *Piniti-Sant-Briac*. La chapelle du
Piniti est construite sur une élévation à l'endroit même où fut
l'ermitage, dans lequel se retira le Saint, lorsqu'il remit en
d'autres mains le soin de son monastère. Cette chapelle a un
pardon. »

Il y a encore une foule d'autres pinity dans les diverses
parties de la Bretagne Armoricaine et toujours dans le même
sens. Ce n'est donc pas abuser de l'analogie que de conclure
que le Pénity de Carnoët doit avoir la même origine que celui
de Bourbriac et les autres.

Il court aussi dans le pays une légende d'après laquelle on
trouva autrefois, dans une pièce de terre, non loin de Coat⁻

Cléden, une statue de la Sainte Vierge, qui fut la première Sainte Vierge du Pénity. Cette légende ne semble pas jouir aujourd'hui d'une grande créance, si jamais elle en a eu. Mais elle repose sur un fait physique que nous croyons devoir examiner.

La preuve de la vérité de cette découverte, ajoute-t-on, c'est que dans l'endroit où la statue fut trouvée, il ne pousse plus de genêts, tandis que le reste du champ en produit en grande quantité.

Nous avons voulu par nous-même voir ce qu'il en est, et nous nous sommes rendu sur les lieux. Nous avons constaté que le fait est de la plus grande exactitude. Il y a dans cette pièce de terre une portion assez considérable qui ne produit que de l'herbe très verte et cette parcelle est entourée de genêts très bien venus *(Sarothamnus scoparius,* vulgairement genêt à balais).

Quand, en 1898, nous avons visité ce lieu, nous n'avons pas attaché une grande importance à ce phénomène et nous ne pensions pas à en parler, autrement nous aurions pris et le numéro cadastral de la pièce de terre et les dimensions de la partie du champ dépourvue de genêts. Maintenant nous regrettons cette double négligence.

Nous n'attachâmes pas grande importance à ce phénomène, parce que nous le connaissions déjà. Et, sans nier cette espèce de tradition, nous pensons que la raison, qu'on met en avant, ne prouve absolument rien.

Nous avons, en effet, constaté, soit dans les environs de l'abbaye de Langonnet, soit à Saint-Servais, à Ker Peulven, dans une pièce de terre, nommée *Parc-ar-Loge,* un fait absolument semblable. Quelle en est la cause? Il est avéré que le genêt et l'ajonc ne viennent pas dans les endroits marécageux et humides, et où il y a des espèces de sources en une certaine saison de l'année ou une tendance à une source.' Or, c'est ce qui a lieu dans la pièce de terre en question. Cette parcelle qui ne produit ni genêt, ni ajonc, est une terre de prairie, ayant de l'eau et, un peu plus bas, il y a une petite fontaine.

Ordinairement les papillonacés ne poussent pas dans les sols humides, et parmi les genêts et les ajoncs, nous ne connaissons à faire exception, que l'*Ulex nanus* (ajonc nain), vulgairement appelé *liaunet*, en Normandie et *lan kifin*, en breton. Cette petite espèce d'ajonc, aux piquants acérés, ne vient guère que dans les terrains tourbeux, plus ou moins humides, par conséquent.

Nous pensons donc que ce phénomène purement physique et existant ailleurs, ne prouve absolument rien en faveur de la légende.

Au village du Gollot-la-Rivière ou auprès, il y avait une chapelle sous le vocable de Saint Gonogan ou Conogan.

A Locmikel, une chapelle, dédiée à Saint Michel.

Au village de Locmaria, une chapelle, élevée en l'honneur de la Sainte Vierge, comme le nom l'indique.

Enfin, à Lestern, une chapelle consacrée à Saint Efflam.

Nous avons donné notre manière de voir sur la prétendue chapelle, située dans les terres du Guerveur.

II. *Histoire religieuse de Carnoët.*

L'histoire religieuse de Carnoët, faute de documents, se réduit à très peu de chose. Comme cette paroisse faisait partie de la Cornouailles jusqu'à la Révolution, elle appartenait au diocèse de Quimper. A quelle époque remonte-t-elle ? Qui fit bâtir sa première église ? Quel fut son premier pasteur ?

Autant de questions auxquelles il est impossible de répondre.
Autrefois on agissait beaucoup et l'on écrivait peu.

Ce qu'on peut affirmer, c'est que Carnoët est une des
paroisses primitives de cette partie du diocèse actuel de Saint-
Brieuc. Lohuec était une trêve de Plougras ; Calanhel et
Botmel (aujourd'hui Callac), des trêves de Plusquellec ; Locarn,
Saint-Servais (Burthulet), Saint-Nicodème, Landugen, des
trêves de Duault. Carnoët était une église-mère, avait pour
trêve Saint-Corentin et possédait une grande région, attachée
aujourd'hui à Poullaouen.

C'était une paroisse où la foi devait être vive, puisque,
comme nous l'avons dit plus haut, il y avait à Carnoët sept
chapelles, sans parler de Saint-Corentin.

La succession de toutes ces fêtes, de tous ces pardons,
comme on les appelle en Bretagne, donnait une grande
expansion au sentiment chrétien. C'était en réalité une vie de
foi, car ces fêtes étaient religieusement sanctifiées ; on vivait
plus pauvrement, peut-être, quant au bien-être matériel ;
mais l'âme et le cœur se nourrissaient mieux : l'âme par la
prière et le cœur par la joie et le contentement. Le corps lui-
même jouissait du repos dont il a besoin. Aujourd'hui, on
néglige l'âme et le cœur, pour se procurer un certain bien-être
par un travail souvent excessif.

Comme Carnoët faisait partie du diocèse de Cornouailles,
c'est Quimper qui lui fournissait ses prêtres jusqu'à 1801.

Mais nous sommes obligé de dire qu'à proprement parler,
il n'y a pas d'archives à Carnoët et les registres des actes religieux ne remontent pas plus loin que 1668. Il a donc été impossible de connaître les noms des recteurs qui ont dirigé
cette paroisse dans les temps antérieurs à 1668. Est-ce la
Révolution qui a fait disparaître les registres antérieurs ? Nous
ne le pensons pas, autrement tout aurait disparu jusqu'à 1789
ou 1790, ce qui n'a pas eu lieu.

Nous allons donner les noms de ces recteurs, jusqu'à nos jours.

De 1668 à 1681. Bertrand Huon.
— 1681 à 1700. Pierre Le Faucheur.
— 1700 à 1702. François Le Bigot.
— 1702 à 1720. Jouan.
— 1720 à 1737. Du Vieux-Châtel.
— 1737 à 1761. Noël Marchou.
— 1761 à 1772. Yves Le Cozic.
— 1772 à 1775. Pape, transféré de Coray (Finistère).
— 1775 à 1789. Meyniel.
— 1789 à 1801. Le Nincot ou Lincot (prêtre asserm.).
— 1801 à 1804. M. Derrien.
— 1804 à 1813. Le Coz.
— 1813 à 1830. Le Goff.
— 1830 à 1840. Pennault.
— 1840 à 1853. Henrio.
— 1853 à 1873. Le Guennec.
— 1873 à 1886. Cloarec.
— 1886........ M. l'abbé Pinson, recteur actuel.

CHAPITRE XIV

Notices biographiques

---

1. *Noël Marchou* (de 1737 à 1761)

D'où était-il? Nous ne saurions le dire. Appartenait-il à la famille Marchou de Ker Autem, de Carnoët ? C'est possible ; mais, en tout cas, il ne signait que Marchou. Son rectorat à Carnoët fut de 24 ans, c'est le plus long que l'on constate, puisque celui de M. Guennec n'a été que de 20 ans. Aussi travailla-t-il beaucoup pour la paroisse de Carnoët. C'est pendant son rectorat qu'on construisit la partie inférieure de la chapelle de Saint-Gildas et le beau clocher qu'on y admire aujourd'hui.

Nous lisons. en effet, au-dessus de la porte principale :

| Noël Marchou, | Maurice Tanguy, |
| Recteur de Carnoët | Fabrique. 1757. |

II. *M. Meyniel* (1775-1789)

M. Meyniel qui était recteur de Carnoët, quand éclata la grande Révolution, devait être des environs de Gourin ou du Faouët. Il était certainement de cette partie de la Cornouailles ou du diocèse de Quimper, qui appartient aujourd'hui au diocèse de Vannes.

Quand nous habitions Gourin et Longonnet, nous avions

parfois l'occasion de voir M. Moguen, curé de Gourin et son neveu, M. Le Grand, curé du Faouët, et qui, à la mort de son oncle, devint lui-même curé de Gourin. Ces Messieurs, ayant su que nous avions des parents à Carnoët et que nous y allions de temps en temps, nous demandèrent si nous connaissions bien Carnoët et, sur notre réponse affirmative, ils nous posèrent différentes questions. Un de leurs oncles, nous dirent-ils, nommé Meyniel, avait été recteur de Carnoët et y était encore, quand éclata la Révolution française. Poursuivi par les révolutionnaires, il fut obligé de quitter Carnoët à l'improviste et secrètement, et d'abandonner tout ce qu'il possédait. D'après eux, il devait même avoir quelques biens-fonds à Carnoët, et ils auraient voulu savoir ce qu'ils étaient devenus.

N'étant pas alors au courant de l'histoire de Carnoët, nous ne pûmes répondre à toutes ces questions. Aujourd'hui, connaissant mieux la situation de Carnoët en 1789, il nous serait facile de donner une réponse. Il est très probable que ces biens furent confisqués et vendus, comme d'autres dans les environs de Carnoët.

Le prêtre assermenté, qui remplaça M. Meyniel, en profita-t-il ? Il nous est impossible de résoudre cette question. Ce prêtre resta près de 12 ans à Carnoët. En 1801, seulement, il fut remplacé par un M. Derrien.

III. *M. Le Goff, recteur de Carnoët* (1813-1830)

Quelques traits de l'existence de M. Guillaume Le Goff pendant la Révolution, étant restés dans notre mémoire, nous avaient inspiré un grand désir d'écrire sur lui une petite notice biographique. Mais comment atteindre ce but ? Nous savions qu'il avait été recteur de Carnoët quelque temps après la Révolution et que la famille Henry de Lestern descendait aussi des Goff, par Marie-Perrine Le Goff, leur mère.

Nous parlâmes d'abord de notre intention à Mlle Angélique
Jouan, du bourg de Carnoët, et petite nièce de M. Guillaume
Le Goff ; elle nous répondit qu'elle avait souvent entendu sa
mère, Caroline Henry, parler de son vieil oncle de la Révolution ; mais que tout cela avait à peu près disparu de son
souvenir.

Mlle Jouan ajouta : mon oncle François Henry doit bien se
rappeler ces différents événements. Le lendemain, nous nous
rendîmes à Lestern où François nous reçut avec son amabilité
ordinaire. Quand nous lui parlâmes du but de notre voyage à
Lestern, il nous répondit qu'il ne se souvenait absolument de
rien, que tout était parfaitement embrouillé dans son esprit,
qu'il avait dû connaître tout cela autrefois, mais que c'était
de l'histoire trop ancienne pour lui et nous pûmes constater
que le souvenir, qu'il avait de ses ancêtres, était des plus
vagues. En désespoir de cause, nous lui demandâmes s'il
n'avait pas de papiers de famille. Ce fut une inspiration ; car
nous trouvâmes d'antiques papiers qui nous permirent d'éta-
blir la généalogie de la famille Le Goff.

C'est d'abord un acte de partage entre les héritiers de Jean
Le Goff, leur père, et d'Isabelle Le Lostec, leur mère, en date
du 28 avril 1790, « à savoir : Yves Le Goff, François Le Goff,
Toussaint Le Goff et Françoise Le Goff, demeurant ensemble
au village du Coz-Pors en la paroisse de Duault. Lesquels, pour
parvenir au partage à l'amiable des biens meubles et im-
meubles leur échus de la succession de Jean Le Goff leur
père, et d'Isabelle Le Lostec leur mère, ont, de l'avis de leurs
parents et amis et aux fins du consentement leur donné par
Messire Guillaume Le Goff, leur frère, prêtre en la paroisse
de Mûr, par acte sous seing privé du vingt-deux de ce mois,
qui demeurera d'attache au présent pour être contrôlé avec
lui, fait diviser les dits biens en cinq lotties égales, ainsi qu'il

suit, sauf et sans préjudice du sixième revenant à notre frère prêtre que nous lui prélèverons à sa première réquisition ».

Messire Guillaume Le Goff naquit donc au Coz-Pors, en Duault, et dans la trève de Burthulet ; car le Coz-Pors, quoique se trouvant entre Ker Non et Saint-Servais et à quelques centaines de mètres de l'église, appartenait à Burthulet, comme le dit expressément un autre acte notarié que nous avons sous les yeux. Il est même assez probable que la chapelle de Saint-Servais était dans la trève de Burthulet.

Un autre acte notarié du 30 mars 1791 parle encore du consentement de Messire Guillaume Le Goff, mais ne dit rien de sa résidence, comme dans le partage de 1790. Qu'était-il devenu ? La Révolution, on le sait, avait forcé tous les prêtres à prêter serment, à s'expatrier ou à se tenir cachés. M. Le Goff choisit ce dernier parti et se fixa, autant que possible, dans les environs de Burthulet. Notre père, en effet, qui habitait Ker Peulven, en Burthulet, nous parlait souvent de M. Le Goff, et, comme nous ignorions alors le lieu de son origine, nous ne comprenions pas pourquoi il ne s'éloignait guère des environs de Saint-Servais et de Burthulet. C'était son pays natal. Tous ses parents y demeuraient, soit les Lostec de Ker Scuil, soit les Goff du Coz-Pors. Il avait aussi un oncle, Joseph Le Goff, à Coat-Hamon, en Maël-Pestivien. De plus, il était sur les limites de Coat-Parc-Duault. Il avait donc, par le fait même, une foule de moyens d'échapper aux perquisitions dont il était l'objet.

Il avait des parents à Saint-Servais, à Burthulet et à Maël-Pestivien, par conséquent, des personnes sur lesquelles il pouvait compter. Souvent il offrait le saint sacrifice surtout à Burthulet et exerçait le saint ministère auprès de ses compatriotes.

Il avait une retraite assurée et sûre à Ker Peulven, alors habité par la famille Jouan. Notre grand'mère, Marguerite

Ouzan, était un type accompli de la générosité et de la charité,
et, comme la famille jouissait d'une certaine aisance, elle
considérait comme un devoir et comme un grand honneur de
recueillir les ministres persécutés de notre sainte religion et
de leur venir en aide dans toutes les circonstances.

On avait fait à M. Le Goff une cachette dans une des maisons
de Ker Peulven. Nous avons vu cette maison telle qu'elle existait autrefois, quand, en 1849, nous vinmes habiter Ker
Peulven. Sur les larges poutres de cette époque reposait un
plancher de chêne d'une épaisseur peu commune. Trois de
ces planches furent coupées de manière à faire arriver leurs
extrémités sur le milieu des poutres, en sorte qu'on ne pouvait apercevoir les coupures.

La chambre était remplie de gros genêts pour bois de chauf-
fage et, au centre, on avait laissé un espace vide, où M. Le Goff
se retirait, quand il y avait du danger, c'est-à-dire, quand les
Bleus étaient à sa recherche. On soulevait la trappe et, quand
le prêtre était entré dans ce refuge, il fermait lui-même
l'entrée de sa cachette et fixait solidement les planches. Il
était moralement impossible de rien découvrir. Une ouverture
avait été ménagée dans le toit pour donner de l'air et un peu
de lumière.

Plusieurs fois les Bleus se présentèrent, disant à notre
grand'mère qu'ils étaient absolument sûrs que le citoyen
Le Goff se trouvait quelque part dans la ferme; maintes fois
ils montèrent, par l'escalier, dans la partie supérieure de cette
maison ; mais leurs baïonnettes ne pénétraient pas loin dans
cet immense tas de gros genêts.

Parfois, ils menaçaient notre grand'mère ; mais celle-ci
n'était pas une personne à avoir peur, quand il s'agissait du
devoir. Elle leur répondait invariablement : voilà plusieurs
fois que vous venez ici chercher le citoyen Le Goff et vous ne

l'avez pas trouvé ; cherchez, fouillez partout, coins et recoins et vous serez obligés de reconnaître que vous perdez votre temps. Il y a par là des gens mal intentionnés, dont les uns, je ne l'ignore pas, nous en veulent et nous dénoncent ; mais d'autres se donnent le malin plaisir de vous faire courir le pays, afin de se moquer de vous. J'ai entendu dire que le citoyen Le Goff allait à Maël-Pestivien... Peut-être le trouverez-vous là.

La contenance de notre grand'mère les déconcertait et ils s'en allaient après avoir fait main-basse sur la nourriture préparée qu'ils trouvaient dans la maison.

Il y a un siècle, le pays de Saint-Servais, de Burthulet, de Coat-Parc-Duault, des Convenanchou, de Maël-Pestivien fournissait des retraites sûres à tous ceux qui avaient des raisons pour se tenir cachés. C'était un véritable pays de brousse: d'abord, pas de routes, et les champs étaient remplis de genêts très hauts, les côteaux, nus aujourd'hui, étaient couverts d'ajoncs et de bruyères d'une grosseur remarquable ; joignez à cela les ronces, les épines et surtout le houx qui abondaient dans ces régions et vous comprendrez aisément qu'il n'était pas facile de s'emparer d'un homme qui connaissait tous les sentiers perdus d'une telle région.

M. Le Goff ne quitta jamais les environs de Burthulet, durant la Révolution ; on le traquait sans cesse ; cependant d'après un témoin digne de foi, il ne fut qu'une fois sur le point d'être pris. C'était à Burthulet où il avait dit la sainte messe. Les Bleus avaient-ils été avertis ? Il était dans une maison du village où il avait pris un peu de nourriture, après la messe, quand on vint l'avertir que les soldats arrivaient. Que faire ? Il n'y avait qu'une porte à la maison. Il avait cependant pris son habit de paysan, son vieux feutre usé et jauni par le temps. Mais c'était trop tard, l'ennemi était à

cinquante pas de la maison. La femme de la ferme lui dit :
« Montez vite au grenier, il y a une lucarne donnant sur le
jardin ; par là vous pourrez sauter, car par la porte vous ne
pouvez plus vous échapper, ils sont à quelques pas d'ici. »
Il était temps, car six minutes après les Bleus entraient dans
la maison et demandaient le citoyen Le Goff. — Il n'est pas
ici, répondit la femme, et si vous ne me croyez pas, cher-
chez-le. — Mais il a dit la messe à Burthulet ce matin. —
C'est très exact ce que vous dites ; mais il n'est pas moins vrai
qu'il n'est pas ici, comme vous venez de le constater. —
Mais, demanda le chef de la bande, savez où il est allé ? —
D'ordinaire, répondit-elle, le citoyen Le Goff ne confie pas à
nous autres femmes où il va et d'où il vient ; par hasard,
j'ai cru entendre dire par là qu'il allait rejoindre la bande de
chouans qui doit se trouver ce matin à Kergrist-Moëllou ou à
Saint-Nicodème et qui sans tarder devra être par ici. » Les
Bleus de Callac comprirent qu'il était plus que temps pour
eux de déguerpir et partirent d'un pied léger vers Callac.

La femme de Burthulet avait dit la vérité. Les Blancs arrivèrent dans l'après-midi. Les pauvres paysans aimaient encore
moins les voir que les soldats, parce qu'ils volaient plus,
n'ayant ni provisions, ni argent. Le soir ils vinrent à Ker-
Peulven où ils prirent un bœuf et un porc et, bien entendu,
le pain, les crêpes, le lard, le beurre.....

M. Le Goff passa ainsi huit ans de cette existence troublée,
toujours sur le qui-vive, vivant au jour le jour, comme il pouvait, et rendant à ses compatriotes tous les services religieux
dont ils avaient besoin, baptisant les enfants, administrant
les mourants et remplissant toutes les autres fonctions du
saint ministère que permettaient ces jours néfastes (1).

____

(1) Ces détails, nous les tenons de notre père qui les connut parfaitement, parce qu'il habitait alors Ker Peulven et qu'il avait 17 ans en 1798.

Que devint M. Le Goff après le coup d'État du 18 brumaire (9 novembre 1799), quand Napoléon rendit la paix à l'Église de France ? Retourna-t-il à Mûr? C'est une question qu'il n'est peut-être pas impossible de résoudre ; mais, dans notre position, nous ne pouvons faire les démarches nécessaires pour cela. D'un autre côté, nous ne voulons nullement faire une biographie complète de ce digne prêtre.

Mˡˡᵉ Angélique Jouan, du bourg de Carnoët, nous a assuré qu'elle avait souvent entendu sa mère dire que M. Le Goff avait écrit sa vie durant la période révolutionnaire, comment il s'était tiré d'affaire dans les circonstances difficiles qu'il avait eu à traverser. Il paraît même qu'il avait fait un résumé de tout ce qui s'était passé de plus remarquable dans ces régions en ces temps calamiteux. Après sa mort, ses papiers furent déposés chez sa nièce, Marie-Perrine Le Goff, à Lestern et furent brûlés lors de l'incendie de la maison. C'est une perte pour l'histoire du pays de Callac.

Quoiqu'il en soit, M. Le Goff ne fut nommé recteur de Carnoët qu'en 1813, succédant à M. Le Coz. Dès ce moment, nous trouvons sa signature sur les registres de la paroisse.

C'est lui qui, le 28 septembre 1818, célébra à Carnoët « le mariage de Yves-Marie Henry et Marie-Perrine Le Goff, sa nièce, fille de feu François Le Goff et de Françoise Le Ver, originaire de la paroisse de Duault et domiciliée sur cette paroisse (Carnoët) ». Marie-Perrine devait donc demeurer chez son oncle à Carnoët avant son mariage.

Son acte de mariage est signé par François Le Goff, son frère, sous-diacre, qui deviendra plus tard curé de Maël-Carhaix et de Callac.

D'après le cahier de paroisse de Carnoët, Messire Guillaume Le Goff demeurait au Pors-Cloz où il mourut le 14 décembre 1830, à l'âge de 77 ans. Il fut inhumé dans les porches de l'ancienne église de Carnoët, où nous avons encore vu son tombeau. C'est dans ce même tombeau que furent déposés plus tard les restes mortels de son neveu, M. l'abbé François Le Goff, curé démissionnaire de Callac, qui mourut au bourg de Carnoët, chez Jean Jouan, mari de sa nièce Caroline Henry.

La noble conduite de M. Guillaume Le Goff, fut, on ne peut en douter, une source féconde de grâces pour sa famille. Il surgit de là une sève sacerdotale et religieuse ; plusieurs de ses neveux et petits-neveux marchèrent sur ses traces.

C'est d'abord M. l'abbé François Le Goff, curé de Maël-Carhaix et ensuite de Callac.

M. l'abbé Le Goff, de Pontrieux, mort jeune, professeur au petit séminaire de Tréguier et dont le père était des Goff du Coz-Pors.

M. l'abbé Briand, mort aumônier des Bretons à Trélazé, près Angers.

Et, enfin, M. l'abbé Joseph Quilliou.

La famille Le Goff a aussi donné à l'Église trois religieuses dans la congrégation des Filles du Saint-Esprit, dont la maison-mère est à Saint-Brieuc ; ce sont les demoiselles Jouan, de Carnoët.

La source est-elle tarie ? Il faut espérer que non !

III. *M. Le Guennec* (1853-1873)

M. Le Guennec, Joseph, naquit à Gouarec en 1805, il fut longtemps — 20 ans ou plus — recteur de Plouguernével. C'est de là qu'il fut nommé recteur de Carnoët, en 1853, où il resta aussi 20 ans. C'était un saint prêtre, que nous avons beaucoup connu. Au point de vue spirituel, il fit beaucoup de bien à la paroisse de Carnoët.

Il ne négligea pas la partie temporelle. Se voyant trop âgé, il ne voulut pas entreprendre la construction d'une nouvelle église dont la paroisse avait absolument besoin. Il s'en occupa cependant et des plans furent faits dès lors, et au moment de sa mort, la fabrique de Carnoët avait en caisse 25,000 francs, somme suffisante pour commencer les constructions. Malheureusement son successeur immédiat gaspilla cette somme considérable, on ne sait trop comment, ni pourquoi.

M. Le Guennec mourut à Carnoët et fut inhumé à Plouguernével.

TABLE DES MATIÈRES